國家社科基金重大委托項目“《子海》整理與研究”成果

山東省社科規劃重大委托項目成果

子海精華編

主編 王承略 副主編 聶濟冬

鈍吟雜録

（清）馮班 著 （清）何焯 評 楊海峥 韋胤宗 點校

鄭堂札記

（清）周中孚 著 秦躍宇 點校

鳳凰出版社

圖書在版編目（CIP）數據

鈍吟雜録 / （清）馮班著 ；（清）何焯評 ；楊海峥，韋胤宗點校. 鄭堂札記 / （清）周中孚著 ；秦躍宇點校. -- 南京 ：鳳凰出版社，2017.10
（子海精華編 / 王承略主編）
ISBN 978-7-5506-2674-4

Ⅰ. ①鈍… ②鄭… Ⅱ. ①馮… ②周… ③何… ④楊… ⑤韋… ⑥秦… Ⅲ. ①雜著－中國－清代 Ⅳ. ①Z429.49

中國版本圖書館CIP數據核字(2017)第245763號

書名	鈍吟雜録　鄭堂札記
著者	(清)馮班 著　(清)何焯 評　楊海峥　韋胤宗 點校 (清)周中孚 著　秦躍宇 點校
責任編輯	王清溪　林日波
出版發行	鳳凰出版社(原江蘇古籍出版社) 發行部電話025-83223462
出版社地址	南京市中央路165號，郵編:210009
出版社網址	http://www.fhcbs.com
照排	江蘇鳳凰製版有限公司
印刷	南通印刷總廠有限公司 南通市通州經濟開發區朝霞路180號，郵編:226300
開本	890×1240毫米　1/32
印張	6.5
字數	135千字
版次	2017年10月第1版　2017年10月第1次印刷
標準書號	ISBN 978-7-5506-2674-4
定價	42.00圓

(本書凡印裝錯誤可向承印廠調换，電話:0513-80237871)

國家社科基金重大委托項目“《子海》整理與研究”成果之一

《子海精華編》

執行編纂(按姓氏筆畫排列):

王成厚　王　娜　尹思琦　曲娟娟　李　兵　宋恩來

苗　露　柏　雲　柳湘瑜　張雨霏　賈　兵　蘇運蕾

編　　務:張　櫻　劉　端　孫紅苑　沈　虎

本書審稿專家:吴慶峰

《子海精華編》出版説明

“子海”，即“子書淵海”的簡稱。“《子海》整理與研究”課題係國家社科基金重大委托項目、山東省社科規劃重大委托項目。該課題分《珍本編》、《精華編》、《研究編》、《翻譯編》四個版塊，力圖把子部珍稀文獻、精華文獻進行深層次的整理、研究和譯介，挖掘子部文獻的價值，促進子學研究的發展。

山東大學向來以文史見長。古籍整理與子學研究，是其中的傳統研究方向。“《子海》整理與研究”，是在山東大學前輩學者高亨先生積 30 年之力陸續做成的《先秦諸子研究文獻目録》的基础上，由已故著名古籍整理與研究專家董治安先生參與策劃、設計的大型綜合研究課題。課題立項後，得到了中宣部、教育部、財政部、山東省政府和山東大學的大力支持，學界同仁踴躍參與。《精華編》的整理研究團隊近 200 人，來自海内外 48 所高校和研究機構。在組織管理上，《精華編》努力探索傳統文化研究協同創新的新體制、新機制，現已呈現出活力和實效。

華夏文明是由多元文化構築而成的。中國古代子部典籍，以歷代士人個性化作品的形式，系統性地展示了華夏民族的世界觀和方法論，立體性地反映了中華民族對世界文明發展的貢獻。其中，無論是宏篇大論，還是叢殘小語，都激蕩著歷史的聲音，閃爍著智慧的光芒，構成中國古代思想、藝術、科技和生活方式的主體内容。《精華編》通過對子部最優秀的典籍的整理，一方面擷英取粹，爲華夏文明的傳播提供可靠的資源和文本；另一方面以古鑒今，爲當下社會的發展提供智力支持和精神支撑。并希望進而梳理中華傳統文化的多元結構，繼承中華優秀傳統文化的一貫文脈。

根據漢代以後子學發展和子部典籍的實際情况，參照官私目録的分類與著録，《精華編》選取先秦諸子、儒學、兵家、法家、農家、醫家、曆算、術數、藝術、雜家、小説家、譜録、釋道、類書等十四個類目的要籍幾百種，編爲目録，作爲整理的依據，而在成果展現上則不出現具體的類目。爲統一體例，便於工作，《精華編》編有詳細的《整理細則》，并有簡明的《整理要則》，供整理者遵循使用。

《精華編》整理原則是，對每種子書的整理，突出學術性、資料性和創新性，力求吸納已有的整理成果，推出更具參考價值、更方便閲讀的整理文本。所採用的整理方式，大體有三種：一、部頭較大且前人未曾整理者，採用標點、校勘的方式整理；二、前人曾經標點、校勘者，或採用抽换更好或别具學術特色底本的方式整理，或採用集校、集注的方式整理，或採用校箋、疏證的方式整理，或綜合使用以上方式；三、前人已有較好的注本者，則採用集注、彙評、補正等方式整理。

《精華編》採用五次校審、遞進推動的管理程式，即：一、初校全稿。子海編纂中心組織碩、博研究生，修改文稿錯别字，規範異體字，調整格式，發現并標明校點中的不妥之處。二、初審文稿。子海編纂中心的編纂人員根據情况，解决初校時發現的問題，并判斷書稿的整體質量。三、匿名評審。

聘請資深教授通審全稿,全面進行學術把關,消滅硬傷,寫出審稿意見。四、修改文稿。子海編纂中心及時把專家審稿意見反饋給整理者。整理者根據審稿意見修改,做出新文稿。五、終審文稿。待新文稿返回子海編纂中心後,總編纂作最後的學術質量把關。五步程序完成後,將文稿交付出版社。

五次校審的目的是爲了保證學術質量,提高整理水平,減少錯訛硬傷。但校書如掃塵埃落葉,隨掃隨有,《精華編》雖經多道程序嚴加把關,仍難免有錯,懇請方家不吝指教。子海編纂中心將及時總結經驗,吸取教訓,把工作做得更好,以實現課題設計的初衷。

鈍吟雜録

（清）馮班　著　（清）何焯　評
楊海崢　韋胤宗　點校

目　録

整理説明

馮班，字定遠，號鈍吟居士，江蘇常熟人。生於明萬曆三十二年(1604)，卒於清康熙十年(1671)。少爲諸生，連蹇不得志，遂棄去，發奮讀書著述。入清隱居，時稱隱士之冠。工詩文，少時與兄馮舒並稱"海虞二馮"。游錢謙益之門，錢序其詩含蓄深遠，風格在温、李、小杜之間。論詩宗晚唐，推崇西昆體；力斥江西詩派，不取嚴羽妙悟之説。文章考據精確，議論多達物情。書法四體皆佳，尤工小楷，有晋唐人風致。嘗與兄舒合評《才調集》，著有《馮氏小集》、《鈍吟集》、《游仙詩》、《鈍吟雜録》等，後人合刻爲《鈍吟全集》。①

《鈍吟雜録》(以下簡稱《雜録》)十卷，是馮班去世之後，由其子侄搜集整理而成的一部馮班的論學雜記。《雜録》各卷的内容，在書前馮武《鈍吟雜録叙》中，以及附録《四庫全書

---

① 參考《清史列傳·文苑傳》卷七十(見周駿富輯《清代傳記叢刊》，明文書局 1985 年版，第 104—696 頁)，張其淦撰、祁正注《明代千遺民詩咏》卷八(同上，第 066—676 頁)，《國朝耆獻類徵初編》卷四二九(同上，第 188—215 頁)，《鈍吟全集》鄧之誠跋(見中國科學院藏《鈍吟全集》書衣)，錢陸燦等纂《康熙常熟縣志》卷二十《文苑》(見《中國地方志集成·江蘇府縣志輯 21》，江蘇古籍出版社 1991 年版)，沈道乾《馮鈍吟年譜稿》等。馮班的生卒年不詳，本處取鄧之誠的説法，下文有簡單考證。清錢保塘編《歷代名人生卒録》和梁廷燦等編《歷代名人生卒年表》的記載都不可信，遂棄之不取。

總目提要》、《四庫全書總目提要補正》中都有全面的介紹，這裏不再細談。簡單來講，書中有許多馮班關於爲人處世、問學修業和誡子持家的箴言警語。除此之外，書中最精彩，也最爲後世所推重的，是馮班論詩、論書、論史之言。

馮班首先是一位著名的詩人。《鈍吟全集》二十三卷，其中《雜録》十卷，乃其子侄搜集的議論之語；《文稿》一卷爲文；《樂府》一卷爲詞；其餘十一卷皆爲詩。且《文稿》及《雜録》中也以論詩爲最多。馮班曾師事錢謙益，其詩學亦受其影響，有反對明代復古的傾向。《鈍吟雜録》中有《嚴氏糾謬》一卷，即批評嚴羽"以禪喻詩"，特别是對明代王世貞、李攀龍、譚元春和鍾惺等，詆斥得很厲害。清初詩壇本就有比較嚴重的門户之爭，其後，繼承嚴羽"以禪喻詩"的"神韻説"風行天下，又加上一些政治因素，錢謙益、馮班等人的詩學主張就受到一般士人的批評。這一點，從《四庫全書總目提要》和《四庫全書總目提要補正》中所引李慈銘對馮班的評價中就可以看出來。撇開這些爭議，單看馮班對於"六聲八病"、詩體演變的論述，即可見其學問之精。李慈銘所謂"定遠學問不足"，恐怕並非屬實之論。馮班的詩學思想，還需藉助《雜録》、《文稿》以及其詩作做更爲深入的研究。

《雜録》中論書之言，以第六、第七兩卷最爲集中。其内容主要是記述學習書法之門徑，評論歷代書家之得失。議論言簡意賅，見解精到，爲後人所重。馮班侄馮武有《書法正傳》一書，其中所附馮班《鈍吟書要》一卷，内容全出於《雜録》，應該是在《雜録》的基礎上編輯成的。

馮班論史，頗有見地，然而向來不爲人所重視。除《鈍吟文稿》中幾篇論史的文章外，《雜録》卷九《通鑑綱目糾謬》是馮班史學思想最爲集中的體現，其價值自不待言。此卷末尾馮武記曰："公閲未終册，偶識五則。由此以推，則所當駁者殆未可量也。"可見馮班有在史籍上題評的習慣。今傳《義門讀書記》中《史記》部份有大量馮班評論《史記》的材料，我們開始時不知其來歷，後來見到《雜録》卷一何焯評語曰："定翁所閲《史記》中，有論鼂錯一條極好，當采録。"才知道馮班曾評點《史記》，之後其書歸於何焯。《義門讀書記》中馮班之言，應該就是何焯從馮評《史記》中摘録下來的，想要瞭解馮班史學思想者，也可一並參看。

《鈍吟雜録》的版本主要有以下幾種：

一　《鈍吟全集》本

《鈍吟全集》收録馮班著述九種二十三卷，爲明末毛晋汲古閣、清康熙七年（1668）陸貽典、康熙四十五年（1706）趙執信等遞刻本。國内多家圖書館有藏。《鈍吟全集》本的《鈍吟雜録》是目前可知的最早的刻本。比較常見。

筆者所見重慶圖書館藏本、上海圖書館藏本（以下簡稱上圖本）和臺灣"中央圖書館"藏本（以下簡稱"中圖"本）都有佚名過録的何焯評語。[①] 上圖本的評語和《借月山房彙鈔》本（以下簡稱借月本）的評語基本一致，但是借月本誤字較多，上圖本誤字很少，抄寫也很工整。"中圖"本的評語和同樣藏於臺灣"中央圖書館"的舊抄本非常接近，卻與借月本的評語差異很大。

---

① "中圖"本原題"鈍吟老人遺稿十三卷，雜録十卷"，其實就是《鈍吟全集》二十三卷。

一些圖書館館藏書目也録有單行本的《鈍吟雜録》,或稱《鈍吟老人雜録》,根據其描述判斷,這些本子都應該是《鈍吟全集》本。①

二　《借月山房彙鈔》本

清張海鵬所輯《借月山房彙鈔》第十三集收有馮班的《鈍吟雜録》十卷,題"上黨馮班定遠著,廬江何焯義門評",正文前有《鈍吟雜録敘》、《鈍吟雜録總目》、②《欽定四庫全書提要》。與《鈍吟全集》本對校,發現此本正文有誤字,如《鈍吟雜録敘》中"異論",此本誤作"議論"。

這個本子將何焯評語刻入,評語的位置都比較恰當,然明顯的誤字不少,可據上圖本校正。另外,此本正文與評語中,凡是提到錢牧齋的地方,"牧"字或"牧翁"兩字都爲墨釘,可能是乾隆以後所刻,有所避諱。

其後的《澤古齋重鈔》本和《指海》本都是在《借月山房彙鈔》的舊版上重加校補而成的。《叢書集成初編》就選用了《借月山房彙鈔》的本子,並在版權頁標明:"本館叢書集成初編所選,借月山房彙鈔、澤古齋重鈔及指海皆收有此書,三本如一,借月在前,故據以排印。"可以把這幾個本子看成一種版本。

三　臺灣"中央圖書館"藏舊抄本

此本卷末題:"康熙壬寅(1722)秋抄録義門夫子本。"與

---

① 比如山西省圖書館藏本。見山西省圖書館編《山西省圖書館古籍善本書目》,山西人民出版社2007年版,第215頁。

② 其《總目》卷五題曰"嚴氏糾",少一"謬"字。

刻本相較，缺少《誡子帖》、《遺言》和《將死之鳴》三卷，卻多出馮班兩篇長文，其正文和評語都有很高的價值。

四　《四庫全書》本

《四庫全書》本第十卷後幾頁有大量的闕文，標明“原闕”，可能是底本就有損壞。

五　一卷本

丁福保《清詩話》收《鈍吟雜録》一卷，郭紹虞先生已辨其妄：

> 《鈍吟雜録》凡十卷，其中如《家誡》二卷、《遺言》一卷、《將死之鳴》一卷，多涉歷世故之言；《通鑑綱目糾謬》一卷及《日記》、《誡子帖》各一卷，也不是論詩之語。其足當吴喬所謂談詩一絶者，當指書中《嚴氏糾謬》一卷，才與吴喬論詩宗旨相合。至丁氏《清詩話》所舉之《鈍吟雜録》則是根據雪北山樵所輯《花薰閣詩述》之本。雪北山樵既輯錢木庵《唐音審體》，於是再從馮氏《鈍吟文稿》及《鈍吟雜録·正俗篇》中選其有關樂府之論，以備參考，故所選僅六則，但也稱爲《鈍吟雜録》。丁氏不察，一仍其舊，並據《花薰閣詩述》本題爲“馮定遠原本”，則似乎馮班之《鈍吟雜録》原來就是這樣的了。①

---

① 郭紹虞《前言》，見丁福保輯《清詩話》，上海古籍出版社 2015 年版，前言第 9—10 頁。

此外,《青島市圖書館古籍書目》著録:“《鈍吟雜録》一卷,清馮班撰,舊鈔本,四册。”[1]四册的書不太可能是一卷,疑“一”字當作“十”字。然此爲舊抄本,或許應該重視。

此次整理《鈍吟雜録》,正文所據底本爲北京大學圖書館藏《鈍吟全集》本(簡稱“北大本”),参校本主要爲臺灣“中央圖書館”藏舊抄本(簡稱“抄本”)和借月本。

清代學者何焯曾校閲馮班著作,並留下大量評語。何焯(1661—1722)初字潤千,後字屺瞻,晚號茶仙,學者稱“義門先生”,長洲(今屬江蘇蘇州)人,清代康熙年間著名的學者、藏書家、書法家。何焯博學多聞、精通經史,善於考訂和校勘古籍,《清史稿》稱其“工楷法,手所校書,人爭傳寶”。[2] 何焯對《鈍吟雜録》的評語,時有補偏救弊的功效,參考價值很高,借月本《雜録》已將何焯評語刻入。此次整理,我們也仿照借月本舊式,將何焯評語附入《雜録》中,且評語部份以借月本爲底本,而以抄本、“中圖”本和上圖本爲參校本。

上圖本和借月本的評語基本一致,因此,僅以上圖本作爲校勘的材料。抄本、“中圖”本和借月本的評語有差異之處,我們分情況進行處理:

其一,許多評語借月本有而其他兩本無。對於這種情況,除改正明顯錯字外,我們儘量保持借月本的原貌。

其二,一些評語借月本與其他兩本僅有個别字句不同,而意思完全一樣。這樣的地方,我們仍保持借月本原貌,僅

---

① 冷秀雲主編《青島市圖書館古籍書目》,國家圖書館出版社 2009 年版,第 227 頁。

② 趙爾巽等撰《清史稿》卷四八四《文苑一》,中華書局 1977 年版,第 13369 頁。

以其他兩本作爲校勘的材料。

其三,很多評語借月本與其他兩本都有,但是意義有别。我們將這些不同的條文都輯出來補入文中,並在脚注中説明其來源。

其四,一些評語借月本無而其他三本有。這些多出的評語,有極高的參考價值。我們將這些資料全部采用,補入文中,並在脚注中説明其來源。

何焯評語依照借月本的樣式附入正文中,小注變雙行爲單行。借月本的正文與評語中,凡是提到錢牧齋的地方,"牧"字或"牧翁"兩字都爲墨釘,今據參校本改過,文中不再出校。

叙

天下非無嗜書好古者也，然竊謂有二病焉。不具一知半解，縱涉獵經史百家，究不得古人要領，其病若青盲；好翻駁古人，不惜誣聖非經，創爲新奇炫世之説，其病若怖頭狂走。青盲之病，病止一身；狂走之病，病在天下後世，非細故也。先仲父定遠公深惡之。公自少厭薄制舉業，專意古學，矻矻至老。其情性激越，忽喜忽怒，里中俗子，皆以爲迂。獨於古人，精神吻合，若有夙契，於是非得失處，非信而有徵，不輕下一字也。嘗過家塾，見案頭有《少微通鑑》一書，正色命武曰："昔人之事，成敗已見，得失顯然，不須更翻公案。凡爲此者，不過好立異論，求免耳食之誚耳。汝輩讀書，須善審時勢，不可一味將正心誠意套語妄斷前人。凡此書及致堂《管見》，以至近世李氏《藏書》，及金聖歎'才子書'，當如毒蛇蚖蝎，以不見爲幸，即歐公、老泉、漁仲、疊山諸公，亦須小心聽之。"嗚呼！斯言也，豈獨爲武也道乎！公著書無定所，或書友人齋頭，或書旁行側理，以故殁後多散軼。武竭蹶求之，數年於兹矣，僅得九種，編成十卷，題曰《鈍吟雜録》，以公嘗自號"鈍吟老人"云爾。《讀古淺説》，病中囑黄子鴻授武者。《家誡》則得於家補之。[1]《正

① "家補之"，抄本作"圃芝"，圈改作"從弟行賢"。按：馮武從弟行賢，字補之。

俗》係女弟子董雙成所寄。《日記》乃得於僧飲章行囊中。《嚴氏糾謬》參見諸本，今另爲一卷。《誡子帖》散見於小啓。編成後，家履中緘寄《綱目糾謬》五則，暨《遺言》、《遺囑》三種。其餘尚有《壁論》三卷、《讀古心鑑》、《葫蘆私語》、《畫論》數種，無從尋覓，[①]亡失頗多。有同嗜者，諒當公之千古，不至如向子期《南華注》也。武向讀《嚴氏家訓》、《夢溪筆談》、《履齋示兒編》、《容齋隨筆》諸書，未嘗不嘆古人學問有功後學。公之斯編，多發諸公之未發，使讀之者知古人之學自有入處，如康衢大川，一望了然，當不徒使下劣惡見蟠踞胸中，塞斷多生正見也。武幼遭家難，孤露失學，未能敬承家訓，謹略述所聞以及搜訪之艱如此。己未仲春上澣猶子武再拜謹記。此非序也，刻本附目録後，大半照原本□□。[②]

① "《誡子帖》"至"無從尋覓"共五十三字，抄本無。
② "此非序也"至"原本□□"共十七字，據抄本補。

卷第一　家戒上

讀李習之《答朱載言書》云:“其理是而詞章不能工者,太公家教也。”今此書不傳,習之所謂“不工”者,我不能與之覆較,顧嘗思之矣。謂之“家教”,是父兄以教其子弟者也,不應雕飾文詞,其理是矣。則於聖人之所謂修身齊家,入以事父兄,出以事長上者,必有當焉矣。是天下之良書也,惜哉我不及見,不得采取以善我身,教我子弟,可勝嘆耶!我無行,少年不自愛,不堪爲子弟之法式。然自八九歲讀古聖賢之書,至今六十餘年,所知不少。更歷事故,往往有所悟。家有四子,每思以所知示之。少年性快,老人諄諄之言,非所樂聞,不至頭觸屏風而睡,亦已足矣,無如之何。筆之于書,或冀有時一讀,未必無益也。是即李習之所謂詞章不工者,勿以文字求我。

《孟子》曰:“堯舜之道,孝悌而已矣。”孩提之童,無不知愛其親也,及其長也,無不知敬其兄也,只如此便完全是個堯舜,故曰:“人皆可以爲堯舜。”俗人只爲不知學問,識見淺薄,遇要緊處料理不來,任情隨俗,做得不好,便把人品弄壞。但孝悌二字,甚不易料理,没有十二分學問,舉手動足便錯了。

有子曰:“君子務本,本立而道生。孝悌也者,其爲仁之本歟?”此是儒者功夫。《中庸》曰:“博學之,審問之,慎思之,明辨之。”是儒者學問。蒲團上騃坐，殊不了事。末句是針砭高景逸門徒。

程子教人讀書，曰：“一部《論語》，未讀時是這般人，讀了只是這般人，便是不曾讀一般。”此言最懇切。最難讀者《論語》，聖人説話簡略，説得渾融，一時理會不來，是難讀也。亦最易讀，讀一句是一句，理會得一分是一分，是易讀也。不似他書，認錯了要誤人。趙普用半部《論語》治天下，大是會讀書。如吾所見，只一二句便終身受用不盡。

《莊子》曰：“爲善無近名，爲惡無近刑。”亦是一句説話，但此是道家學問。不如《易》云：“善不積，不足以成名；惡不積，不足以滅身。”“積”字最妙。積善成名，不是虚名，這名便不害事。若爲惡於冥冥者，不有人禍，必有天殃，不於其身，必於其子孫，“惡”字一毫來不得。如《老子》云：“天網恢恢，疏而不漏。”這話卻好。小人只看了疏處，不曾看他不漏處，便去放肆，是他識見不濟，看理不明也。“勿以善小而不爲，勿以惡小而爲之。”這便是積的工夫。

俗語亦有益人處。吴人諺云：“風潮過了世界在。”吾一生用之，雖經歷事變，至今無大患。但衆人洶洶時，不可隨他，自己有個把捉，洶洶的定了，便受用。

太平時做錯了事卻有救，亂世一毫苟且不得，一失脚，便送了性命。

“信而好古”，“温故而知新”，是讀書得力處。

儒者有一種門户，有一種習氣，須洗得盡，方是好學的人，方是真儒。名言。〇不到得忠恕地位，便有此二種夾雜。

君子之孝，莫大於教。子孫教得好，祖宗之業，便不墜于地；不教子弟，是大不孝，與無後等。

儒者之業，莫如讀書。記誦以爲博，是讀書病處，亦强似不讀。

讀書有一法，覺有不合意處，且放過去，到他時或有悟入，不可便説他不是。

君子立身行己，只要平實，不行險則無禍患，不作僞則無破敗，此語最有味，不可忽。此是實實受用儒者功夫，不是老生常談。"君子居易以俟命，不願乎外"，只是一個平。"戒慎乎其所不睹，恐懼乎其所不聞"，方是實。

士人讀書學古，不免要作文字，切忌勿作論。成敗得失，古人自有成論，假令有所不合，闕之可也。古人遠矣，目前之事，猶有不審，况在百世之下，而欲懸定其是非乎！此亦名言。宋人多不審細止，如蘇子由論蜀先主云："據蜀，非地也；用孔明，非將也。"考昭烈生平，未嘗用孔明爲將，不據蜀便無地可措足，此論直是不讀《三國志》。宋人議論多如此，不可學他。致堂胡氏作《讀史管見》，其論人也，如酷吏之獄詞，見法輒取，不原情，不考事。君子惡稱人之惡，此便是他心不正，癖於惡人，而不知其美，"斯言之玷"也。

孔子每言"仁"，孟子並言"仁義"。"義"字難體認，有硜硜小人之義，有匹夫匹婦自經於溝瀆之義，更有刺客游俠盜賊奸人之義，君子不可不明辨也。義者，宜也。知所舉三者安得爲宜？① 小人有勇而無義爲盜，刺客游俠皆盜耳。②

"既明且哲，以保其身"，賢臣也。"戰戰兢兢，如臨深淵，如履薄冰"，孝子也。僨國事，滅家族，以死求名者，賊儒也，

① "知"，上圖本作"如"。

② "義者"至"盜耳"共二十九字，抄本作"義者，宜也。硜硜小人等那得爲宜？此定老祖□□"。

亂臣逆子之尤者也。此語爲東漢人發藥。若東漢之末，①則棄禮義，捐廉恥，務爲苟得苟免，又賊儒也。

所欲有甚於生者，死有所不敢愛。儒者之死忠死孝，仁之至，義之盡也。然子死孝，父必不全；臣死忠，君必有患。忠臣孝子，平居無事，不忍言之。近代有平居無事，處心積慮，冀君父之有難，以成其名者，其人名不便言。② 此亂臣賊子之不若也。讓千乘之國好名者，君子猶不取，況乎幸君父之有難，社稷蒼生、六親九族一切不顧，而可曰仁義乎？好名之患，真有不可言者。

曹孟德將煞陳宫，謂之曰："公臺如卿老母何？"宫曰："老母在公，不在宫也。"婉而不屈，然竟全其母。方孝孺將死曰："必無十族。"此爲不如陳宫矣。孝孺雖遜詞，亦不免九族，然亦不至於十族矣。兩條須合看。〇如孟德，德可以遜詞免也，定老亦考論不詳。③

誦農、黄之書，用以煞人，人知爲庸醫也。誦周、孔之書，用以禍天下，而不以爲庸儒，我不知何説也。庸儒者，非孔子之徒也，不惟一時禍天下，又使後世之人，不信聖人之道。

食人之禄者，死人之事。君子當大難，亦不徒死也。持其危，扶其顛，盡心力而爲之，事窮勢極，然後死焉，斯可以言事君之節矣。文文山其人也。

君子有心於古道，慎無以學術誤天下。

樂無與於衣食也，金石絲竹，先王以化俗，墨子非之。詩賦無與於人事也，温柔敦厚，聖人以教民，宋儒惡之。

---

① "東漢"，上圖本作"西京"。
② "其人名不便言"六字爲《雜録》原注，非何焯評語。
③ "如孟德"至"考論不詳"共十七字，據抄本補。

漢人云:大者與六經同義,小者便麗可喜。“便麗”,《王褒傳》作“辨麗”。言賦者莫善於此,詩亦然也。仁者樂山,智者樂水,咏之何害?風雲月露之詞,使人意思蕭散,寄托高勝,君子爲之,其亦賢於博弈也。以筆墨勸淫,詩之戒,然猶勝於風刺而輕薄不近理者,此有韻之謗書,唐人以前無此,不可不知也。

君子不親教,延師亦是難事。氣習相染,師不如友,愛子弟者,必慎其所與。得淳厚有家風者爲上,其次則自好喜讀書者。市井輕薄,最不可近。

先兄謂我曰:“見利思義,義不勝利,小人必不能自克。”我應之曰:“不若見利思害。“見利思害”,出《新序·節士》篇。以“見得思義”並舉言之,則不偏也。無故之利,害之所伏也。君子惡無故之利,況乎爲不善以求之乎!君子固窮,不求利,所以無害,則利莫大焉。”到底翻不得此案。人不知義,則利令智昏,雖大害之伏,不復顧矣。故“九思”條目又曰:“見得思義。”《孟子》亦先曰:“亦有仁義而已矣。”教人有主宰於中,然後與之剖析利害。

或曰:“裴晉公之功名富貴,可謂盛矣,還帶小善,恐不足以致之。”余曰:“大人君子,好義爲善,其根伏於胸中,如火之伏於薪下也,特未發耳,一發則燎原矣。晉公之致福,亦猶火發之燎原也,事之大小,非所計也。匹夫匹婦一事之善,如將枯之禾,偶得一溉,其福微矣,然必勝於不爲一善者。”

韓、商之道,其用民也殘,其養民也狹,施之於亂世,可以徼利,事平則受其禍矣。秦二世而亡是也。天道神明,好此術者必有殃。

君子以禮義安人,養人。俗儒則以禮義桎梏天下,不知禮義之本也。漢儒釋經,不必盡合,然斷大事,决大疑,可以立，可以權，是有用之學。去聖未遠，古人之道，其有所受之也。宋儒視漢人如讎，是他好善不篤處。宋儒小病，在有個道學門户，必求高出前人。然濂溪、明道諸公，何曾有此？

談性命，叙人倫，苟無宋儒，人其爲鬼魅乎！但於世事上少疏。施之於事，不見作用，朱子嘗自説如此。

尚論古人，不是與古人爭是非。好譏評者，其爲學必不得益。

昔人有作《中山狼傳》者，爲負恩者喻也。中山狼所在有之，但無與老牸、枯樹語則可矣。斯言也，不更事者不知也。小人之敢於爲惡，有助之者耳。天下惟助惡者爲無人心。

禍福之來，天與人相參，《詩》曰："自求多福。"《書》曰："天作孽，猶可違；自作孽，不可活。"一委之於命，愚人也。紂曰："我生不有命在天？"此其所以亡也。

盛怒不可飲酒。

凡人之是非，當決之於君子；儒者之是非，當裁之以聖人之言。苟不合於仲尼，雖程、朱亦不可從也。　聖人好讀書，豪傑好讀書，文人亦好讀書，惟宋儒不好讀書。程、朱爲學，必由讀書講明義理。惟陸學不尚讀書耳。

夫子曰："性相近也。"孟子曰："性善。"較説得透爽。夫子曰："習相遠也。"朱子曰："氣稟所拘，人欲所蔽。"較説得圓滿。虎狼好搏噬，是氣稟所拘。父子不相食，是性善。相近處正是善，相遠處即是惡。大抵惡是第二層念頭，善念是獨發的，惡念是有對而發的。須知甘食悦色亦是善，方可言性善。好甘不好苦，好美不好惡，自愛也。未有不自愛而能愛人者。君子有時損己以益人，只從自愛處推出。

阮嗣宗至慎，不臧否人物。陶淵明詩篇篇説酒，不及時事。阮與陶，皆在事外者也。有事在者，亦須深沉果決，不密則害成矣。①

顧仲恭先生不能作詩，嘗自言不解其故，余告之曰："温柔敦厚，先生似不足。"在心智，不在氣質。②

道家有雷門忠孝一派，其説曰："精炁者身之本也，不愛精炁者爲不孝。心者身之君也，不敬其心者爲不忠。"我最愛此説。

君子處人骨肉之間，不可無作用，亦不必多巧，只是一個平恕，一個忍耐。

"六親不和有孝慈"，君子不可不勉。此語失《老子》本意。翁之意謂六親雖不和，孝慈之道當盡其在我。

婢嫗用事則婦女生變，外家太親則兄弟疏。

嫁女娶婦，但擇素有家法者最善。③ 古人云："娶婦當娶其不如我者，嫁女當擇其勝我者。"此言大有病。外家貧薄，爲累最重，不可以一端盡。且婦女之性，罕能自卑，只如婢妾，此不如我家亦甚矣，一旦得寵，目無正嫡。不如我家，不足恃也。勝我之家，娣姒必多富貴，婦女以家勢相軋，我家子女必爲所薄，則一日不能安矣。"勝我"、"不如我"相形，爭之道也。儒者論事，多空中揣量，不試實事，故多敗。齊家、治國、平天下道理，須是實實體貼，空中揣摩，便是白面書生，不通事勢。"爲天下安用腐儒"，謂此輩也。所論亦未盡事理，此其一端也。

---

① "阮與"至"成矣"共二十五字，抄本作"身在事外，便合如此"。
② "在心智不在氣質"，據"中圖"本補。
③ "擇"下，原衍"儒"字，據抄本删。

《孝經》，孔子之行也；小學，朱子之行也。此句殊可嘉。①但朱子有小疵處，醇儒不習事也，朱子不可謂之不習事，或智不圓耳。亦不過一兩段耳。此良書，不可不讀。魯、齊之學，從此書入，及領成均，遂以此爲教。

宋儒有四大病，近代猶甚。不喜讀書，則君子小人漸無别；不作文字，則詞氣鄙倍而不自知；不事功業，則無益於世；不取近代事，則迂疏。全看程、朱語録，原無此四者，此門徒末流之弊，亦不可不戒。○此論亦自有補，但不是周、程、朱數賢耳。②

君子使人可愛，不如使人可敬。敬人者人恒敬之，未有可敬而不可愛者也。能養其中和之德，則敬愛兼之矣。

孟母、敬姜，千古難得。婦人教子，未有不敗壞者也。父欲教子者，必不可使母攙一字。

莊生喜言上古。上古之風，必不可再得於今日，徒使晋人放蕩不事事。宋儒專言三代，其於三代之事，擇焉而不精，語焉而不詳，徒使方孝孺輩迂執不通。其言不同，誤天下蒼生則一也。宋儒所謂三代者，亦謂當得其意而已。明道最通曉時務，伊川、晦翁亦何嘗拘礙如後儒，唯横渠較疏耳。然方公之病，其根尚不在此。操切諸王，即非《西銘》道理。“凡爲天下國家有九經”，“修身”之下，即曰“親親”，欲復三代，孰先於此？乃舍其大而圖其細，亟亟紛更，並昧夫子三年無改之訓，固非宋儒誤之也。然今日略觀宋人鑑斷，于諸儒書不能貫通者，須亟示以此論。○翁後有一條論建文主事，於余所見者有先得焉。

爲子弟擇師，是第一要事，慎無取太嚴者。師太嚴，子弟多不令，柔弱者必愚，剛強者懟而爲惡，鞭扑叱咄之下，使人

---

① “此句殊可嘉”，據抄本補。
② “此論”至“數賢耳”共十五字，據抄本補。

不生好念也。凡教子弟，勿違其天資，若有所長處，當因而成之。教之者，所以開其知識也；養之者，所以達其性也。年十四五時，知識初開，精神未全，筋骨柔脆，譬如草木，正當二三月間，養之全在此際。噫！此先師魏叔子之遺言也，我今不肖，爲負之矣。少小多過賴嚴師教督之恩，得比人數，以爲師不嫌太嚴也。及後所聞見，亦有鈍吟先生所患者，不可以不知。

子弟不可把世間刻薄事教他。子弟刻薄，一時無所展其惡，必先施於父母，則不孝；必先用於兄弟，一家不和，則萬事瓦裂矣。兄弟至親至近，不和便伸手動腳不得。外人不和，只一遍相爭，便走開去了；兄弟不和，終身並做一處，有許多不便。世人之不睦於兄弟者，自以爲得計，我不知其何心。

子弟小時志大言大，是好處，庸師不知，一味抑他，只要他做個庸人，把子弟弄壞了。又有一種人，一味獎譽，都不課實，後來弄得虚驕，都不成器。子弟小時，極難調養。

與君子交當以恕，君子或有不如人意時也；與小人交當以敬，小人好侮人也。

不爲快意語，不作快意事，人世尤悔，十分便減卻七分。此康節之言。

言有近正而實不近人情、不合聖人之道者，儒者多有之。大略近於隘狹，便不是好話。

釋氏言地獄報應，儒者矯之，遂言無鬼。無鬼非聖人之言，即爲異端。若無鬼，則聖人宗廟之禮愚且誣矣。此種論大害事。能知阮宣子是異端，可與言儒矣。陰陽善惡，各從其類，既散之氣，亦清濁各途，若言果有地獄，亦不是。

俗人説通變，只是小人而無忌憚，不是君子之時中。

文人儒者，大有異端。不信五經，喜毁古賢人，招合虚譽,立黨敗俗,皆聖人之罪人,少正卯之流也。此翁目見萬曆以後事發藥。

善氣迎人,親於兄弟;逆氣迎人,慘於戈矛。

“知人則哲,惟帝難之。”然亦有一法,大略取其平和近人情者,則十得六七矣。風俗大壞之後,此言又不可墮于一偏,恐所謂人情者,非發皆中節之情也。

周、孔之道,是謂之儒。人不可不學儒。學儒必從師,師最難得。不近人情,不通世務,不讀書者,便是小人儒。俗儒多傲,便不合孔子之道。儒者必謙。俗儒多短見,故好非古人。

凡學問,皆須實見實行,不可虚空揣摩。

吾見人家教子弟,未嘗不長嘆也。不讀《詩》、《書》,云妨於舉業也。以余觀之,凡兩榜貴人粗得名於時者,未有不涉獵經史。讀書好學之士,不幸而躓於場屋,猶爲名於一時,爲人所宗慕。其碌碌不知書者,假令竊得一第,或鼎甲居翰苑,亦爲常人,其老死無成者,不可勝計,豈曰學古不利於舉業乎?又不喜子弟學道,脱有差喜言禮義者,呼爲至愚。不知所謂道者,只在日用中,惟不學也,居家則不孝不悌,處世則隨波逐浪,作諸不善。才短者猶得爲庸人,小有才者,往往陷於刑辟,中世網而死,其人不可勝屈指也。見三十年前,士人立身,尚依名教,相見或言《詩》、《書》,論經世之務,今則絶無矣。有一老儒,見門人讀書則杖之,罰錢一貫。斯人也,竟困於青衿而死,亦何益哉?不讀經則舉業必庸猥,不涉史則後場其牆面矣。經須講而後明,喜言理義者,通經之階也,望子弟之遠大者,安能捨是以爲教哉?〇今去翁發此論時,又四十年矣,噫!

仁義,聖人之道也,徐偃王、宋襄公以之敗亡,而儒者猶稱之，斯亦仁義之惑也。[1] 韓文公作《徐偃王碑》，《公羊》稱“文王之師”，是已。《偃王碑》徇其子孫之請，漫戲焉耳。其例又取諸子雲《劇秦美新》，尚與《公羊》謬於説經者不同。近代建文君又不及此二君者也，至今好事者猶惜之。或曰：“仁義足以敗亡乎？”余曰：“此徒慕而爲之，其心則善矣，實不得聖人之道也。如燕噲之讓子之，亦慕堯、舜也，此亦可稱乎？建文君有大罪，今人不知耳。夫子言孟莊子之孝，以不改父之臣與父之政爲難能也，子曰：‘三年無改於父之道，可謂孝矣。’建文不孝，不孝足以亡國。但其心實慕善。當時臣下果於行其所學，顛覆典刑，遂以至於亡也。《堯典》曰：‘克明俊德，以親九族。九族既睦，平章百姓。’建文之九族何如？是烏能法堯、舜哉！”此條論斷建文主爲當，若修明史者仍之，則董狐之良也。〇定翁所閲《史記》中，有論晁錯一條極好，當采録。

人各有業，所以爲生也。祖父之業，生而習焉，長而安焉，廢而習其所習，敗而無成者，十八九矣。讀書，業之美而貴者也，奈何其廢之乎？

人於其所業，當竭一生之力而爲之，毋求其便者，必爲其難者。吾少年學舉子之業，教我者曰：“此敲門磚也，得第則捨之矣。但獵取其淺易者，可以欺考官而已；遠者高者，不足務也；必無人知，則躓矣。”後從魏叔子先生，見謬當時先生，二先生之言曰：“欺人者，欺之以所不知也。盡天下之人，方竭才力以爲舉業，誰不知者？而子欲欺之以淺易，子其困矣！”始知向來之誤也。農必爲良農，賈必爲良賈，工必爲良工，至於士人之業，乃欲爲其不良者，何也？今日幾乎天下皆不

---

① “惑”，原作“感”，據抄本改。

知矣，然爲欺者滔滔皆是，安得受知于考官？不如讀書，其遇則可以變俗，不遇，猶有以自得。爲人之所不能爲，知人之所不能知，盡心力而務之，不得利，必得名。人皆不如我，我得名利也。韓子云："人之能爲人，由腹有詩書。"名利，其外也。不可以爲人，將若之何？鼓鐘於宫，聲聞於外，天下未有有其實而無其名者。何雲有文，錢牧翁重之，然無名者，其人妒嫉，同學者惡之也。妒嫉極損名，如張湯有後，可以爲法。

俗人多不喜子弟習技，只是一個俗。如書、射自是正經學問，如何不知？近禮樂之遺者，爲之可以；爲人所役而取賤者，勿以自累。他如琴弈之類近雅者，亦不妨爲之。我見一周叟，投壺百發無誤，意甚愛之。琴德可以養性，弈則徒費日敝精而已，非若琴之爲用，不當習。投壺古戲，本射之類，禮用之與燕射等，學之殊妙。二郎好畫，我不以爲不可，但有一説，不精而爲之，便是廢日，苟能精之，則古人亦如此也。先君子不讀星命之書，多爲日者所欺，然猶無大害。有一郭春卿，其父葬得吉壤，生春卿，讀書數行俱下，不過二遍則暗誦矣。後爲惡人所誤，言不吉，發之，紫藤纏棺，斬之，流汁如血。春卿歸，讀書强記，不復如前矣，竟以一老青襟卒。先兄爲俞仰橋所欺，徙先祖母墓，我家遂貧，此大誤也。星命書並剷去妄求之根，不售欺矣。葬書近代大蔽，王者作，所必廢。即所舉二事，求吉反凶，豈復宜信其術乎？○定老信風水，殊可笑。① 如醫亦是要事。毛斧季患嗽，以夏月多飲水，冷痰在膈中。醫以爲癆，藥有天冬，我見之愕然曰："服此將甚！"已而果劇，易醫而痊。錢履之冬月病痢，醫用黄連。其人腑臟素患虚寒，我與錢夕公皆云不可，履之不信也。後

① "定老信風水殊可笑"，據抄本、"中圖"本補。

得名醫來，夕公以其意告之，投桂、附而痊，不然幾斃。如此類不可盡述。君子不可不知醫，不知則爲庸醫所欺，害至於煞身。讀農、黄之書，操死生之權，或以爲賤業，何哉？但不精亦誤人，學之須審耳。我未嘗自用藥，有所鑑也。醫當知，爲事親也，先儒言之矣。

爲學全在小時，年長便不成。然年長矣，亦不可不勉。

爲惠而望報，不如勿爲，此結怨之道也。須知加惠於人，人或無良，恐其責報，先求自疏矣。處之淡然，始得遠恐耳。①

小人至惡，然其所爲，可以情理揣量，必有不利，彼亦不爲也。惟愚人爲不可知。愚者自以爲智，其惡往往出人意外，不可防也。先兄每戒人勿近愚人，吾始謂不然，及更事多，然後信之。不惟愚人，老而耄者亦不可近。

終日言人之善，人未必信，然所益多矣。惡人所爲，有人不肯信者，必不可言，待其自露可已。或至親厚者，不幸所狎非人，安得坐觀？待其自露，所誤已多矣。友人有狎一小人者，吾諫之再三，至掩耳而起。後經半年，始謝吾曰："果如尊言。"蓋悔之也。

---

① "須知"至"恐耳"共二十八字，據抄本、"中圖"本補。上圖本作"加惠於人，人或無良，恐其責報，先求自疏矣，不待望之也，直需根本上先不伐不施。天下好事，何者非我所當爲？躬自厚者，責於人必薄矣"。

卷第二　家戒下

好伐惡者，老子所謂“代大匠斲也，希有不傷其手者矣”。朱夫子云：“君子之待小人，不惡而嚴。”此語本《易・遯卦・大象傳》文。世有傲慢於此輩者，自以爲嚴，過矣。嚴者須敬以處身。粗而言之，衣冠可以禦強暴。

爲善無他法，但處心平易，使常有喜氣，自然無不善。

天主教人言殺生無報應，吾應之曰：“儒者方長不折，草木無知，豈有冤報？只自全其仁心而已。王梵志云：‘辛苦因他受，肥甘爲我須。莫教閻老判，自取道何如？’”

粗中者不可以訴情，好奇者不可與慮事，辯口者不可與言理。

凡爲天下國家，雖有善法美意，行之必有次第。不知緩急先後，則害事。

廉者量多窄，其病在酷而無所容。所以清官無後。爲上不寬，聖人所戒。君子不爲不可繼。事有便於一時而後世爲弊者，不可不知也。

古人之善意可師也，然臨事亦須審其所急。如南宋之時，岌岌將亡矣，而儒者方講井田封建，豈當時所可行耶？又非薄管仲，亦何益於事？我讀《陳同甫文集》，未嘗不恨也。君子“使人也，器之”，如管仲、子産遇湯、武，豈不爲賢臣乎？

自孟子已薄管仲矣，但觀漢治不純，知其所見者遠。○後一條中，翁論管仲，亦自見如此。同甫粗疏好大言，用之亦何補？但看朱子論治道處，豈是講井田封建？此段議論，亦是萬曆後望影亂言。① ○看來程朱甚取之。程子惟不服其論《易》，而朱子則以爲看康節《易》，他人更看不得。②範我馳驅，終日不獲一禽，罪在嬖奚，不在王良。儒者好言範吾馳驅，而不計功業，皆嬖奚而加之以愚者也。此言非欲詭遇也，正謂範吾馳驅，非失禽之道也。使王良御，后羿操弓，雖若丘山可矣。③ 儒者做事不來，須要還我一個嬖奚。若只是自己無能，則孟子之言，非藏身之地。儒者多言管仲詭遇，非也，五伯假之也。④ 正假這個馳驅之法，仁義是也，管仲範吾馳驅而假者也。世上好事做成者，未有不出於真。但就此一節是真，大體本原上卻夾和着假，便是霸術。又味其先後輕重之宜，有這一邊，反缺了那一邊，並與王者施爲不同耳。《孟子》"保民而王"一章最包括，朱子與陳同甫往復不到此。⑤ 詭遇是決做不得的，若使王良復爲之，亦恐不能善其後，東野之敗駕可見矣。我嘗讀史，見小人之好爲詭遇者，其後必有大敗。

"毋友不如己者"，取友之道也。"毋求備於一人"，"使人也，器之"，爲上之道也。

君子有容人之量，所以可重。然有人焉，不可以情求，⑥不可以理喻，不可以勢禦，更不可利結，此人之難容者也。斯

① "同甫"至"亂言"共四十字，抄本作"同甫不過大言，用之亦濟得甚事？宋人中，吾甚不服者邵堯夫，陳同甫只是時人服孔低被他嚇倒。○程朱皆極議論邵堯夫"。

② "看來"至"不得"共三十一字，據抄本、"中圖"本補。

③ "山"，抄本作"陵"。

④ "伯"，抄本作"霸"。

⑤ "不到此"，上圖本作"不能到此"。

⑥ "以"，原脱，據借月本補。

人也，所爲如比，不有人禍，必有天殃。且宜待其自及，勿與爭也。郅都之屬是已。

小人之怒，氣衰則止，惟君子之怒不可犯。

終身讓行，不枉一舍，此至言也。荀子曰：君子“讓而勝”。

“三人行必有吾師焉”，況於古人乎？儒者曰：“三代已後無完人。”後儒因之，遂不肯學三代以後之事。噫！三代之事，其傳者百不一存也，不法後賢，其於天下之事不知者多矣。

一家之人，各以其是非爲是非，則不齊。推之至於天下，是非不同，則風俗不一，上下不和，刑賞無常，亂之道也。李卓吾者，亂民也，不知孔子之是非，而用我之是非，愚之至也。錢牧翁以爲異人，愚之至也。吾嘗謂：“既生一李卓吾，即宜一牛金星繼其後矣。”孔子之是非，乃千古不易之道也，“君君，臣臣，父父，子子”，一部《春秋》，不過如此。

好今而不知古則俗，知近而不及遠則陋。俗陋之人，難以語道矣。

讀古人之書，不師其善言，好求詭異，以勝古人者，愚之首也。

人有好事，必成就之，勿沮敗也。佐饔者嘗焉，我將獲其利。

過情之事，雖善不可爲。

臨事不可有成心，然志於善，不爲惡，其立志亦不可不定也。

爲政不以方略，而曰我不貴權詐，此君子之過也。戒諭愈繁而民不從，無權略也。君子之有方略，所以便民，不以詐也。

盲者處平而不陷深谿,愚者守靜而不陷危險,是謂善避其所短。爲人不可不自知其短。

好更張者不知爲政,喜事者難與爲善。

好以言欺人者,無口者也。言雖辯,人不聽之,則辯無益也。言即誠,人猶疑之,如是則誠亦不行矣,此與暗啞者同。

孟子曰:"殺人之父,人亦殺其父,殺人之兄,人亦殺其兄,與自殺之也一間而已。"嗚呼!辱人之父兄,人必辱其父兄。今之好罵人者,不思而已。

近火先燒,近水先濕,好利之人不可近,我必喪其利也。好傷人者,人皆知避之矣,不知好利之至,未有不傷人者。

好小利必有大不利。

百里奚之功業,遠不如管仲,孟子賢之卻勝於管仲,則不免刻論,此有説也。使管仲當七國,必並天下而王矣,然管仲得志,則湯、武之事,其遂絶於後世乎?漢、唐以來可見矣,如蕭何即管仲之亞也。恐尚遠。漢道不如三代,孟子病其如此,故不得不痛抑之。又商君之流,皆自托於伯術,①亦仲之流弊也。申、商者,霸功之流弊,漢武、宣二主,又申、商之餘毒。孟子之言,以救時也。飯牛之汚,當時説客以自托者多矣。孟子賢百里奚而辯之,亦救時之論耳。宋人不知也。飯牛干主,畢竟好事爲之,一部《左傳》中,尚無此舉止,一時有一時士風也。○宋人須比公有識。②

今之儒服者,其爲善也,皆不取孔子之道,而好言釋氏,

---

① "伯",抄本作"霸"。

② "宋人須比公有識",據抄本、"中圖"本補。

儒教衰矣。儒教衰則生民受其弊,此不在學釋氏也。好善之念,未嘗忘於人心,有釋氏而不學儒也。韓文公亦自不得不辨。學者能以儒道治天下,齊家,修身,則不在辨釋氏。正爲不與辨,則人不知性善。儒者亦自有性命之學,顔魯公學道、學釋,不妨爲忠臣、爲儒者。顔公天資美,學則雜矣,取長棄短可也。若謂其爲忠臣爲儒者得力那邊,大不是。①

君子之道,即聖人之道也。須知地位相懸。子産有君子之道四,乃云子産於道概乎未有聞。此語固有病。朱子之言,我有所不敢信:然亦只有四事。"事上敬,行己恭,養民惠,使民義。"此四者終身由之,亦恐未必能盡,不知朱夫子内省於此何如?比不得《中庸》上四者。

殺人如草,卻買螺蜆放生,以此爲爲善,吾不解也。近有奪母弟之生業而飯僧以求福者,此何心哉!此何心哉!

讀書當讀全書,名言。節抄者不可讀。

大儒之爲義也,蒼生受其福。小儒之爲義也,不惜其身,以禍天下,此不講於義之過也,此亦不讀書之病。

以書御者,不盡馬之情,故不更事者不能讀書。霍子孟不學無術。有才德者又不可以不讀書。

宋人不以讀書爲學,②故曰顔魯公、子産、管仲不學。顔魯公固忠臣君子,然又非子産、管仲之比矣。○何嘗不教人讀書,但不足以盡爲學耳。不讀書者,乃陸子靜兄弟也。③不知此諸君子者立身行己,均天下,治國家,一塊純是讀書中來。聖人極教人讀

---

① "顔公"至"不是"共三十一字,抄本、"中圖"本作"學道學禪,自是顔公病痛,取長棄短可也。若謂短處爲無害,必並其所長而失之"。

② "人",抄本作"儒"。

③ "何嘗"至"兄弟也"共二十六字,據抄本補。

書，子路云："何必讀書？"夫子以爲佞也。讀書亦不可混爲一途，經亦書也，史亦書也，諸子亦書也，釋典亦書也，百家小説亦書也。宋儒不留心雜書，有之。爲學第一事是讀書，講明義理，何爲不以是爲學？

儒有好學而不能立功立事者，不是讀書無益，只是不會看書。觀其尚論古人處，皆是以意是非，不曾實實體驗，如此則讀書無益。斯言也，儒者必不信，請以一事爲證，只在《論語》注中也。程子論討陳恒，乃曰："上告天子，下告方伯。"其言甚正，以實考之，則是虚論。夫子尚不能得於魯哀公，能請之周天子乎？當時無方伯，不知程子欲告何人，恐不免要告晋人，則夫子不能得於三家，能得於六卿乎？三家甚苦陳恒，自陳氏得政，魯人無歲不被兵，於討陳恒則不可。若晋之六卿，其善陳恒也至矣，豈可告乎？又云："率與國以討之。"霸者爲會盟，有諸侯，故能摟諸侯以伐諸侯，魯人將與何國乎？此並不曾實實考究思量。程子千古之儒宗，我豈敢少之哉！只於考論文字少工夫，大略近來儒者爲正論，多是硬板死局，不考實勢，所以做不得事。小人苟且趨利，詆薄大儒，亦爲儒者有此一種議論，與此輩作口實也。此事始吾亦疑程子之説爲不當於時勢，而胡氏先發後聞之説尤哂之。後讀《論語或問》，則程子本意蓋謂夫子既得請於魯君，而又若此處置，合天下之公義以討賊耳。① 朱子所推蓋本未精盡。凡治一家之學亦必盡讀其書，乃可論其得失也。孔子云："以魯之衆，加齊之半。"程子不曾思量耳。齊之不與陳恒者，則是齊之義士。其與陳恒者，是小人懷其施惠，而不知大義者也。因齊之義士，以伐其不義者，正是王道，非兵家較力之説也。不與者，朱謂世家大族，不甘爲陳氏下，力不逮而強劫之

① "義"，抄本作"議"。

者，可也。若不懷其惠之義士，一國中能幾人哉？翁之言，是亦非實勢也。程子非云不較力也，言此討賊之舉，可以合天下之兵，討天下之賊，不患乎齊強魯弱、力之不敵耳。

能修身，則六親宜之，朋友敬之，雖末世薄俗無害也。能齊家，則上下有節，衣食有度，雖貧而不困也。聖人之道，只在日用間。

有所不爲，則人信之。

多能鄙事，則爲人役，亦要酌量。藝之勞而賤者，身之災也。

隱士不避賤業，能自貴也。有才能而自晦，謂之隱；無能之人，只謂之不肖。

善人爲善，極有受用處，無過一個心安。

人畜守狗，爲人用也，畏虎而惡之，爲其噬人也，虎豈不如狗乎？先兄取人，好虎而惡犬，臨難所以不救也，我至今以爲嘆。此譬尚未親切。○此論卻不可與愚者道稱也。以牛而或犬代之，又不能得一事也。①

君子一飲一食、一言一語、一舉一動，未有不讓。子路率爾而對，夫子哂之。漢文即位，東嚮讓者三，南嚮讓者再，禮也。自藩王爲天子，可無讓乎？儒者譏之，爲不知禮矣。若如所論，則一部《儀禮》，大半是僞，周公亦可譏乎？

臨大難，當大事，不可無學術。

熟看廿一史，便知自古天下之不治，皆由於家不齊。然後可以看《大學》。不然，便以爲架子説話。更須追尋其根源，方知"正心誠意"，不是"風痹不知痛癢"。○家不齊由何故？定老能道來，

---

① "此論"至"一事也"共二十五字，據抄本補。

至乃行，其可以看《大學》。①

《易》曰："立天之道，曰陰與陽；立人之道，曰仁與義。"《孟子》曰："仁之實，事親是也；義之實，從兄是也。"有子曰："孝弟也者，其爲仁之本與？"儒者務本，只在這裏做工夫去。提得明白，禪家所云，然出金剛眼睛也。② 盡心則知性，知性則知天。"惻隱之心，仁之端也；羞惡之心，義之端也；是非之心，智之端也；辭讓之心，禮之端也。"如此便可以觀心。擴而充之，便是盡心。程子云："本來性中只有個仁義禮智，何嘗有孝弟？"這句話不曉得飯是米做。如此説，本來混成，無名無字，又何嘗有仁義禮智？然程子亦非無所見，只是他不會做文字。語言説得爽口，便有滯處，學者當會他意思，便曉得他不錯。

存心養性，只在慎獨工夫。不得説一邊，此處須細讀宋儒書。○卻是兩重工夫。定老不曾讀《中庸》注。③

看朱夫子注《易》，知王弼殊不濟。看《詩》卻不如毛公。《詩》是八面看得，活潑潑的，朱子以文害詞，以詞害志，一肚皮不信，看得死了狹了，便無用。朱子於《雅》、《頌》有功，《國風》爲與《小序》作敵，誠有過處。然《小序》實不容全信。毛公雖不必盡得，卻有來歷，説得開闊。鄭公亦無大發明。朱夫子之《易》，更勝似程子，他人非所論也。朱子大略於文字處粗。《詩》是一部文章。朱子亦自有細處。④

初隨俗看《性理》，雅不服朱子。後讀《朱子語類》，《語類》

---

① "家不齊"至"大學"共二十字，據抄本補。
② "提得明白"至"眼睛也"共十五字，據抄本補。
③ "卻是"至"中庸注"共十四字，據抄本補。
④ "朱子亦自有細處"，據抄本補。

亦多門人傳寫之誤。[1] 始知先儒俱是天下第一等人，但未免大醇小疵。後儒專取他那小疵處，便不好看。可恨集《性理》的全無見識。今日後生輕躁，非薄古人，皆不知學問者也。朱子引《京房易傳》，《性理》疑似誤字，當時人不學如此。

韓子愛今文而古之，[2]歐陽子愛古文而今之。[3] 古之弊有限，今之弊不可勝言，吾不知所云者何也。定翁只源於詩，古文卻未盡是確論。[4] 有心於古文者，能稍變今日之俗文，易之以古，則善矣。裁其冗長之句字，汗漫之波瀾，使無千篇一律，萬口雷同，如道園、圭齋、潛溪、東里數公，雖學有深淺，才有大小，熟爛則一，斯能變俗者矣。六經、《左》、《史》具在，奈何守一先生之學，不究其根源乎？雖然，吾懼其不能行也。古文之絶已久。前朝有志於古文而不入僻謬者，惟王守溪一人，惜後來者不能推而大之。錢牧翁亦異才，惜乎反爲元人所拘縛，爭逐歐、蘇之末流耳。〇婁子柔與錢書，勸其略黄、柳、潛溪而直趨漢、唐、宋作者，極善。其中論經學派别則非。〇此一説也，善會之可矣。[5]

"子貢欲去告朔之餼羊，子曰：'我愛其禮。'"文章者，儒教之餼羊也。儒者惡文字，惡讀書，恐天下之人皆化爲市人矣。不讀書，何以知聖人之道？不作文字，何以教後人？如儒家語録率然之語，往往意是而詞有病，後人讀之，誤認便害事，不修文字也。程子云："做得文章好，便是不幸。"此只是爲東坡而發，不知有文章者未必知道，知道者卻須能文。孟子、子思、曾子，文字俱好。宋文不尚理，所以儒者不愛文。

---

① "語類亦多門人傳寫之誤"，據抄本補。
② "愛"，抄本作"變"。
③ "愛"，抄本作"變"。
④ "吾不知"至"確論"共二十二字，據抄本補。
⑤ "此一説也善會之可矣"，據抄本、"中圖"本補。

語録或門人雜記，不經手定，毫釐千里者多矣，程子即有“某在，何必看此”之云。〇定翁未曾見《朱子大全集》。《朱集》亦未佳。①

賈子《過秦》，班孟堅正其失，昭明選文，遂去一篇。② 古人文字好惡俱要論理，如宋人則任意亂説，只鍊文字。蘇文如是者多矣。謝疊山《文章軌範》猶非，③他專以詆毁古人爲有英氣，此極害事。

君子見賢思齊，如讀《春秋》，於易牙、豎刁之事，則當思賢臣之言不用，其禍如此。定老不曾讀過冏命，遂以《管仲論》爲過。④ 王景略之於苻堅、桓公之於管仲是也。如衛靈公之於史鰌，則善矣。讀李習之《幽懷賦》，則當思韓門文字如此。韓退之之化也，⑤其有功於萬世如此。讀唐史，見陽道州之事，則當思諫臣之道，不在屑屑言瑣碎，苟塞責以取厭人主。如用宰相，國之大事，君子去，小人進，國家存亡所關，事無急於此者。平日所爲格君心之非，安在而使延齡得蠱惑其君至欲爰立耶？⑥ 〇格君心是輔弼大臣事。⑦ 諸葛公云“親小人，遠賢臣，後漢所以傾頽”是也。裴延齡不爲宰相，道州之力，如此則讀書有益。若歐公《上范司諫書》、蘇公《管仲論》，皆不足取。只不欲人作第一等人物，海虞諸公，其淺如此。⑧ 歐公《讀李翺文》，是一篇大關係文字，但云“韓吏部得一飽而足”，非君子之言也。

---

① “定翁”至“未佳”共十五字，據抄本、“中圖”本補。
② “一”，抄本作“二”。
③ “軌”，原作“規”，據抄本改。
④ “定老”至“爲過”共十五字，據抄本補。
⑤ “之”，原脱，據抄本補。
⑥ “平日”至“爰立耶”共三十字，據抄本補。
⑦ “格君心是輔弼大臣事”，據抄本、“中圖”本補。
⑧ “只不欲”至“其淺如此”共十八字，據抄本補。

吏部爲人見唐史，文集具在，豈不如習之乎？何必論生平，只此賦，想歐公不曾全看。〇王逢原亦曾譏其《南内朝賀歸》及《示兒詩》之陋。要之，吏部自是富貴中人，聖賢之義未足與議也。① 歐公性不好善，要求古人過失，説話帶口病，此是大過。其去讒人佞夫，不能以寸，②誣善游詞，君子勿爲也。要求古人過失，翻案起論，此宋以後作文者通病，以此妄論古人，既無以得其真，折其中，其文亦安得行遠乎？③

有一禪者好狎孌童，又好賭博，我譏之，嚴武伯酷辨，以爲禪者不妨，其論甚高。我不習禪，不解也。問之一法師，乃曰："居士視此人所作，是慧是癡？若只是癡，便做不得。"我見其人，兩目有纇，相法當淫，乃自以爲重瞳，思做天子，尤可怪。

福德報應之書，頗多膚淺。然嘗讀之，使人多發善念，亦養心之一助。

米元章論書不喜顔魯公正書，蘇子瞻論文不喜揚子，都聽他不得。知他有爲言之，便聽與不聽皆可。

儒書尚實行，不離日用。歐陽子云："聖人教人，性非所急。"不知日用間喜怒哀樂，那一件不是性？修道之教，教個甚麽？

不愛人，不仁也；不知世事，不智也。不仁不智，無以爲儒也。未有不知人情而知性者。

周子言無極，④即在鵝湖所言太極内亦不曾差，只是意

---

① "王逢原"至"與議也"共三十七字，據抄本補。

② "以"，原作"一"，據借月本改。《孟子・離婁下》曰："如中也棄不中，才也棄不才，則賢不肖之相去，其閒不能以寸。"

③ "要求"至"行遠乎"共四十二字，抄本作"此一段亦非君子之言也"。

④ "周"，原作"張"，據借月本改。李鵬點校的《鈍吟雜録》（中華書局 2013 年版，以下簡稱中華書局本）此處出校勘記曰："言無極者並非張載，乃周敦頤。"（見中華書局本第 38 頁）

見不同耳。如《列子》更增出許多層數，亦不差，只是《易》所謂太極。凡看異説，如譯語，人曉得不同處未嘗不同，紫司生平爲斯言所誤。① 便會看書，省卻許多諍論。《中庸》終以“無聲無臭”，非有本，亦豈容增出？翁固能詩，假如有人忽作百字一句詩可乎？②因周子而救列子，謬矣。

“善戲謔兮，不爲虐兮。”君子之戲，如虚舟之觸，可喜也而不可怒。戲語毋傷人心。人有所諱，不可不避。好訐人之諱忌，禍之道也。

“己所不欲，勿施於人”，事之難者也。若曉得人所不欲，己雖不以爲苦，亦不得施於人，方是恕。

小人做惡事，只是見事不透；君子爲善，只是看理透。看理不透，雖有善意，往往成了不美之事。婦人之仁，匹夫之勇。③

持論刻，則使人不樂爲善。持論陋，則使人不求爲善。④

小人無所容，君子懼不免，如此未有不敗者也。戒之哉！

我目所見二君子，皆不得中道。趙儕鶴不容小人，黄石齋不容君子。二君俱不可居上者也，不寬也。惜乎，君子也，未聞孔子之大道也。義勝仁不得，春生秋殺，雖並行不悖，然“天地之大德曰生”。○寬字亦不可只如此看。《大學》云“此謂唯仁人能愛人，能惡人”。⑤

讀書須求古本，近時所刻，多不可讀。

不學道而好仁，不妨忠厚；不學道而好義，必忮惡。皆愚也，而有分别。周子論剛柔善惡，盡之矣。固有分别，敗事則均。

---

① “紫司生平爲斯言所誤”，據抄本補。
② “百”，原脱，據抄本補。
③ “婦人之仁匹夫之勇”，據抄本補。
④ “持論陋則使人不求爲善”，據抄本補。
⑤ “寬字”至“能惡人”共二十三字，據抄本補。

儒者只説是非，不論利害，是大病。利天下者是也，害天下者非也，是非莫大於此。然則有利害而後有是非乎？言各有當，如此翻剥，反偏。看《孟子》第一章，何等穩當。○固有只當論是非不當論利害者，不然，諸葛便不如仲達矣。①

耕當問奴，織當問婢，毋使人以所不知、所不能。

開卷疾讀，日得數十卷，至老死不懈，可曰勤矣，然而無益。此有説也。疾讀則思之不審，一讀而止，則不能識憶其文，雖勤讀書，如不讀也。讀書勿求多，歲月既積，卷帙自富。經史大書，只一遍讀亦不盡。"好學深思"四字，缺一不得。

少壯時讀書多記憶，老成後見識進，讀書多解悟。温故知新，由識進也。

嘗讀《文中子》，問諸葛孔明能興禮樂否，先君子曰："上下和輯是樂，朝廷軍旅有制是禮。"又嘗問曾子一貫，先君子曰："曾子孝。"於時聞之悚然。後更讀《孝經》、《大學》，遂無疑。正心誠意，至德要道，只是這個，先君子學識如此。錢牧翁墓志殊未及。《中庸》從大舜、文、武之孝説得到誠身。"孝"字，道理自好，但"孝"只"忠"字内發見之一端，孔子前言"君子之道四，某未能一焉"，未可以代一字也。元者善之長也，《中庸》説忠恕，亦首之以"所求乎子"云云。

書是君子之藝，程、朱亦不廢，我於此有功，今爲盡言之。先學間架，古人所謂結字也。間架既明，則學用筆。當先學用筆，古人所以先"永字八法"也。間架可看石碑，用筆非真迹不可。結字晋人用理，唐人用法，宋人用意。用理則謂並采大小篆八分諸體，因章法宜者施之；用意則增減疏密，隨變出新也。董宗伯云："晋人

① "固有"至"仲達矣"共二十三字，據抄本補。

書取韻，唐人書取法，宋人書取意。”“韻”字易落空，且只説得用筆，定老易“理”字爲當。用理則“從心所欲不踰矩”。因晋人之理而立法，法定則字有嘗格，①不及晋人矣。宋人用意，意在學晋人也，意不周匝則病生，此時代所壓。趙松雪更用法，而參以宋人之意，上追二王，後人不及矣。爲奴書之論者不知也。奴書之論，爲百年之内舉世宗趙不知討源者發藥耳。貞伯解人，非詆前人以自高者。○吴居父之學米，俞紫芝之學趙，乃可謂之奴書。唐人行書，皆出二王；宋人行書，多出顔魯公。趙公云：“用筆千古不變。”只看宋人亦妙，望真迹。② 唐人難得也。宋人以顔行爲宗盟，出入徐季海、楊凝式。米家時作晋人波磔，特以點綴成姸耳。○米作草勝行，狎然無篆籀骨法，故駑。○吾近日閲唐碑頗多，信此言不誤。③ 蔡君謨正書有法無病，朱夫子極推之。錐畫沙，印印泥，二句中鋒。屋漏痕，此句藏鋒。是古人秘法。姜白石云：“不必如此。”知此君憒憒。黄山谷純學《瘞鶴銘》。《瘞鶴銘》雄健沉着，不藏平原。今翻本不惟用筆全無影響，並結構亦差。其用筆得於周子發，周子發師顔太師。故遒健。周子發俗，山谷胸次高，故遒健而不俗。山谷云：“美而病韻者王著，勁而病韻者周越。”又云：“錢穆父、蘇子瞻病余草書多俗筆，蓋余少時學周膳部書，初不自悟。以故久不作草，數年來，猶覺蕩祓塵埃氣未盡，④故不欲爲人書。”則山谷之洗伐屢矣，不獨胸次高於子發也。近董思白不取遒健，大弊。⑤ 學者更弱俗，董公卻不俗。也俗。⑥ 董晚年真書用筆學顔，參以宋思陵之體，與市

---

① “嘗”，借月本作“常”。
② “望真迹”，據抄本補。
③ “吾近日”至“不誤”共十三字，據抄本補。
④ “蕩”，據抄本補。
⑤ “大弊”，據抄本補。
⑥ “也俗”，據抄本補。

中所買絶不同。董胸次陋，結字欲開展，而分寸太疏，法意俱乖。其用筆亦未始不遒，但照管不到。① 虞世南能整齊不傾倒，歐陽詢四面停匀，八方平正，此是二家書法妙處，古人所言也。歐書如淩雲臺，輕重分毫無負，妙哉！歐、虞，法之聖者也。歐、虞一片神骨，極有作用，倚牆靠壁，便不是歐、虞。嶁嶁子山一流人有牆壁，所以不好。此是較正趙子固之論。姜立綱尤俗。姜太僕學吴興者也，唯書誥勑用詹孟舉體，然亦遒健不俗，則所見蓋僞迹。○學董字不如姜立綱，姜書可變董，如倚門之倡，雖從良後故態猶在。②

惡人必有天報，不於其身，必於其子孫，我耳目所聞見多矣，灼然不謬，不可不知。惡人有隱德，好人有隱惡，其報更有甚者。

子孫有一貴人，不如有一君子；生一才子，不如生一長者。

處大變，與惡人遇，當有遜避之道，不在悻悻求死。臨大節而不奪是也，求死非也。可以死，可以無死，死傷勇也。

《孟子》曰："有安社稷臣者，以安社稷爲悦者也。"《中庸》曰："天下國家可均也，中庸不可能也。"觀於《管子》可見矣。然天下不均，社稷不安，以爲君子中庸之道，我不信也。何須説？③《孟子》"趙簡子使王良與嬖奚乘"一段，看差了極誤事。活看則其誤愈長。④《孟子》卻不差，儒者差耳。

君子失之野，寧失之文。弒父與君而不知其惡，亦從一個野中來。野便無禮，無禮則無所不至。失之文，做惡來便

① "董胸次陋"至"照管不到"共三十一字，抄本、"中圖"本作"董胸次陋，結字跼蹐，其用筆亦未始不遒，學之者誤耳"。

② "學董字"至"故態猶在"共二十六字，據抄本補。

③ "何須説"，據抄本補。

④ "活看則其誤愈長"，據抄本補。

有闋手處。六朝歲易一主，文而入於巧僞故也。以五代、南宋相較，禮之不可以已，豈不信夫？或曰："曹、馬何曾闋手？"噫！並其文發之，不待再世矣。①

進德修業，只懈怠處，便是墮落處。

好言所不知，自欺也。因以欺人，德之棄也。嚴武伯之談禪，陳名夏之論文譚道，②君子戒之。

不學而思，遂成僻見，見處堅固，入道之路絶矣，今有人焉，程子尚是也。聰明人用心虚明，魔來附之，遂肆言無忌，至陷王難，今有人焉，金若采是也。儒者言學佛，如此二人之誤，當自提省，不可像了他。扶鸞降仙，道家戒之，決不可爲，惹魔也，金若采全壞於此。若采致禍，尚不在此，然即此亦當戒也。③

少欲則易足，易足則身心安樂。此是真受用。

人之多欲，如火伏於薪下，纖紅透風，則洞然不可撲滅，一事引起，則諸惡俱發，須要鏟去其根方妙。

血氣盛時，起惡念，做惡事，卻把捉得住，但存心好善便不難。及至血氣既衰，從前習氣，一時俱到，便把捉不住。此是自家實實體驗來，他人所不知。這個只爲心體不明，從前只是強制，所以如此。

勸人爲善，不要把苦的勸他。至於勸老人，不可不先安他，強他便不好。

初看程夫子説英氣害事，意不以爲然。後讀朱夫子《綱

① "六朝"至"再世矣"共五十字，抄本作"曹、馬何曾闋手？〇以五代、南宋較之，則可見矣。若曹、馬略無闋手，何待再世？"

② "嚴武伯"至"論文譚道"共十四字，據抄本補。

③ "若采"至"當戒也"共十五字，抄本作"若采若止如此，猶不過狂妄耳。定翁未知其貪鄙"。

目》，多不合處，似乎議論過當。未盡過，只是三代以後人太不及。定翁爲此言，乃是胸次低，眼孔小，平日讀經不熟耳。① ○《綱目》亦誠有過處。② 朱夫子自云“和氣少”，始知只此便是英氣害事。

禮者非從天降也，非從地出也，生於人心者也。《荀子》言性惡，便不知禮。他不過是“道之以政，齊之以刑”，一轉便爲李斯。

家不齊多由女人，女人最難安放。《通書》固言之。

儒教説話，須要徵於文獻，做事須要讀書，與釋教不同。

儒者不知看書，多可笑處，譬如《論語》云治國“‘其如示諸斯乎？’指其掌”。《中庸》云：“治國其如示諸掌乎？”省文也，豈可曰仲尼不曾指其掌乎？此等語何須多翻。③ 子曰：“吾道一以貫之。”曾子曰：“唯。”儒者乃譏子貢，曰“不能如曾子之唯”。記有詳略，安知子貢不曾“唯”？其始之曰“然非歟”，則恐亦不能一聞即如曾子之唯也。記《論語》者，直是一字不可增損，如此看不得。④ 按此書語氣，亦不消“唯”。曾子曰“唯”，門人能問之，子貢若未達，如何不問？且去體會這一。此等皆是宋儒病處。

孟子極近人情，與迂儒不同。

蘇子瞻《韓文公碑》妙矣，然有一句不好：“走僵湜、籍也。”如贊孔子云：“走僵顔、閔。”便非好話。即贊蘇公：“走僵少游、魯直。”可乎？皇甫持正之文，張文昌之詩，亦豈易言？

---

① “未盡過”至“不熟耳”共三十三字，據抄本補。

② “綱目亦誠有過處”，據抄本、“中圖”本補。

③ “此等語何須多翻”，據抄本補。

④ “其始”至“看不得”共三十八字，抄本作“其始之曰‘然非歟’，則恐亦未便能如曾子之唯也。定翁之於四書，恐亦嚴武伯之談禪耳”。

詩文風刺，須有爲而發，若無端亂説，一味駡人，便不是。

人臣諷諫，做不得家常説話，有時一發，則使人感動。程子之講書，吾所不取。如此能使人主生厭。好於本文外生意，尤不可。經筵又與諫書不同。○講書失在何處？程子所講者不傳耳，何從定其非哉？① ○人主厭儒生乃由平日習於宦者宫妾耳，豈可以諷諫爲非哉？但時好後言，亦是一過。②

子路曰："可使有勇，且知方也。"治賦如此，千古以來，諸葛孔明庶幾似之，不知管仲如何。宋儒看得輕，只是不曉事。看得輕者爲誰耶？定老固未知其看得輕者乃對堯舜氣象看耳。③ 曾西云："曾子畏子路。"朱夫子亦云："孟子敬子路。"子路不知是何等人，曾子畏他，宋儒卻爲要尊曾子，苦苦排抑他。宋儒不知不敬子路，便是不學曾子。當時門人不敬子路，夫子亦不然。看書時須自省，如此大是無謂，便是宋儒心不正處。

君子當末世，自然不敵小人。合君子以攻小人不勝，敗壞了國家大事，這個便是黨。好君子，惡小人，公也，非黨也。相攻以誤事便爲黨，不可不知。

---

① "講書"至"定其非哉"共二十字，據抄本、"中圖"本補。
② "人主"至"亦是一過"共三十三字，據抄本補。
③ "看得輕"至"看耳"共二十五字，據抄本補。

卷第三　正俗

詩之興也，殆與生民俱矣。民生而有喜怒哀樂之情，情動乎中，形乎言，言之不足，而長言之，咏歌之，古猶今也。凡物有聲，皆中宫商，清濁高下，雜而成文，斯協於鍾石。古之有詩久矣，仲尼删詩，上自文王《關雎》之事，下迄陳靈《株林》之刺，《三百五篇》，王道浹，人事備矣。於商惟有《頌》，虞、夏僅存於《尚書》。《皋陶之賡歌》、《五子之歌》。① 語云："吾説夏禮，杞不足徵；吾學殷禮，宋不足徵。"準是而言，直恐當時虞、夏、殷之文，不如周詩之備，非略而不取也。梁昭明太子撰《文選》，辭賦始於屈、宋，歌詩起於荆卿《易水之歌》，權輿於姬、孔已後，於理爲得。近代詩選，必自上古，年祀綿邈，真贋相雜，或不雅馴。又《書》、《傳》引逸詩多不過三數句，皆非全篇。《三百五篇》，既是仲尼所定，又不應掇其所棄。昔嘗與程孟陽言詩，譬之犬之拾骨，非徒戲言也。鍾伯敬掊擊王、李，不遺餘力，獨於此處，不知矯正。《詩歸》之作，較之《詩删》，殆有甚焉。今按：詩人之文，至屈、宋變爲詞賦。《漢書・經籍志》不載五言，②五言正盛於建安。陳思爲文士之

① "皋陶之賡歌五子之歌"，據抄本、"中圖"本補。
② "經籍"，借月本作"藝文"。《漢書》有《藝文志》，不作"經籍志"。

冠冕，潘、陸已降，迨於唐之中葉，無有踰之者，至杜子美始自言："詩看子建親。"蘇子瞻云："詩至子美，一變也。"自元和、長慶以後，元、白、韓、孟並出，杜詩始大行，自後文亦無能出杜之範圍者。今之論文者，但可祖述子建，憲章少陵，古今之變，於斯盡矣，《詩》、《騷》已前，不論可也。屈、宋既興，賦盛而詩罕繼，班、張歿後，賦衰而詩復振，由是五言競鳴。馴至唐人，又變賦體而爲長詩，《北征》、《南山》，其一隅也。

古人文章，自有阡陌。"阡陌"亦作"仟佰"。《禮》有湯之盤銘、孔子之誄，其體古矣。乃《三百五篇》都無銘誄之文，故知孔子當時不以爲詩也。近世馮惟訥撰《詩紀》，首紀古逸，盡載銘、誄、箴、誡、祝、贊、繇詞，殆失之矣。《元微之集》云："詩之流爲賦、頌、銘、贊，大抵有韻之文，體自相涉，若直謂之詩，則不可矣。"銘、贊、箴、誄、祝、誡，皆文之有韻者也，詩人以來，皆不云是詩。詩人已後，有騷、詞、賦、頌，皆出於詩也，自楚人以來，亦與詩畫界，此又後人所分也。謝康樂《維摩詰經中十譬贊》八首，王元良《淨住子頌》三十一首，多似詩者。①

《書》曰："詩言志。"《詩序》曰："變風發乎情。"如《易林》之作，止論陰陽，非言志緣情之文，王司寇欲以《易林》爲詩，直是不解詩，非但不解《易林》也。王、李論詩，多求之詞句，而不問其理，故有此失。少年有不然余此論者，余諭之曰："夫鏡圓也，餅亦圓，餅可謂鏡乎？《易林》之不爲詩，亦猶此耳。若四言韻語便是詩，詩亦多矣，何止焦氏乎！"《易林》既可以爲詩，則《參同契》多以四言五言成文，亦是詩矣。

《春秋左氏傳》、《國語》所載歌謠，皆詩也，但不協於弦

---

① "謝康樂"至"多似詩者"共二十八字，據抄本補。

奏，不施於禮，詩人所不收。後人撰詩集，謂郭茂倩。乃並取之，然未爲失也。南北朝以有韻爲文，無韻爲筆。至於唐季，凡文章皆謂文，與詩對言。今人不知古稱筆語是何物矣。

古人之詩皆樂也。文人或不閑音律，所作篇什，不協於絲管，故但謂之詩。詩與樂府，從此分區。又樂府須伶人知音增損，然後合調。此詩與樂府之所以區分。○《漢書》，武帝定郊祀之禮，乃立樂府。樂府，蓋采詩之官。凡采之以奏於郊廟者，則其詩謂之樂府。未採者，但謂之古詩也。① 陳王、士衡多有佳篇。劉彦和以爲"無詔伶人，事謝絲管"，則於時樂府已有不歌者矣。後代擬樂府以代古詞，亦同此例也。文人賦樂府古題，或不與本詞相應，吴兢譏之，此不足以爲嫌，自魏、晋已然，故無嫌也。○不與本題相應，要是一病。此元、白所以别創新題，憲章者杜也。② 唐人歌行皆如此。蓋詩人寓興，文無定例，率隨所感。吴兢史才，長於考證，昧於文外比興之旨，其言若此，有似鼓瑟者之記其柱也。必如所云，則樂府之文，所謂"牀上安牀，屋上架屋"，古人已具，何煩贅賸耶？又樂府采詩以配聲律，出於伶人增損並合，剪截改竄，亦多自不應題目，豈可以爲例也？今《三百篇》與《小序》不合者多，或亦由此。杜子美創爲新題樂府，至元、白而盛。指論時事，頌美刺惡，合於詩人之旨，忠志遠謀，方爲百代鑑戒，誠傑作絶思也。《李長吉歌詩》，雲韶工人皆取以協金石，《杜陵詩史》，不知當時何不采取。白公新樂府中有《采詩官》一篇，喟息此事。當時如令狐慤士選進《御覽集》，無一篇關諷刺者。況疇人子弟，又何知焉？《文苑英華》又分歌行與樂府爲二。

① "此詩"至"古詩也"共五十五字，據"中圖"本補。
② "不與"至"杜也"共二十四字，據抄本補。

歌行之名，不知始於何時。晉、魏所奏樂府，如《豔歌行》、《長歌行》、《短歌行》之類，大略是漢時歌謡，謂之曰“行”，本不知何解。宋人云：“體如行書。”真可掩口也。横吹、相和、清商、舞曲、琴曲，《樂志》所載者當入樂府，其他雜曲歌詞及起於近代者，但可目以歌行也。〇《唐風》：“心之憂矣，我歌且謡。心之憂矣，聊以行國。”漢三調皆采街陌謡謳歌行之名，意其本於此也。此吾臆論，不如據《文選注》。〇《漢書·司馬相如傳》“爲鼓二再行”，師古曰：“行，謂曲引也。古樂府《長歌行》、《短歌行》，此其義也。”按：此是“行”字確解，《文選注》亦云：“行，曲也。”沈彤記。① 既謂之歌行，則自然出於樂府，但指事咏物之文，或無古題，《英華》分别，亦有旨也。

伶工所奏，樂也；詩人所造，詩也。詩乃樂之詞耳，本無定體。唐人律詩，亦是樂府也。大曆以前人沿齊、梁之體，五言律詩，多用樂府古題。唐季則有以樂府題作七言律詩者，秦韜玉《紫騮馬》，胡曾、沈彬《塞下曲》諸篇是也。〇又白集王右丞“秦川一半夕陽開”，爲《想夫憐》第二句，則唐人律詩，亦有不必古題而入樂者。大抵只不犯八病者，便可歌之以被管弦矣。白公《聽歌六絶句》，在第三十五卷。耿緯已有《塞上曲》七言四韻律詩。又有樂府古題作七言二韻小律者，汪遵之《戰城南》、《雞鳴曲》是也。今人不解，往往求詩與樂府之别。鍾伯敬至云：“某詩似樂府，某樂府似詩。”不知何以判之。只如西漢人爲五言者二家，班倢伃《怨詩》，此篇似是東漢人新擬，未必出於婕好之手。② 亦樂府也。吾亦不知李陵之詞亦東漢人所擬。③ 可歌與否。如《文選注》引古詩，多云“枚乘樂府詩”，知《十九首》亦是樂府也。漢世歌謡，當騷人之後，文多遒古。魏祖慷慨悲涼，自是此公文體如斯，非樂府應爾。文、明二

① “唐風”至“沈彤記”共九十八字，據抄本、“中圖”本補。
② “此篇”至“婕好之手”共十七字，據抄本、“中圖”本補。
③ “亦東漢人所擬”，據抄本、“中圖”本補。

祖，仰而不迨，大略古直。樂工采歌謡以配聲，文多不可通，鐃歌聲詞混填，不可復解，是也。李于鱗之流，便謂樂府當如此作。今之詞人，多造詭異不可通之語，題爲“樂府”，集中無此輩語，則以爲闕。《樂志》所載五言四言，自有雅則可誦者，豈未之讀耶？

沈約、謝朓、王融創爲聲病，於時文體不可增減，謂之“齊梁體”，異乎漢、魏、晋、宋之古體也。雖略避雙聲疊韻，然文不粘綴，取韻不論雙隻，首句不破題，平側亦不相儷。沈佺期、宋之問因之，變爲律詩，自二韻至百韻，率以四句一絶，不用五韻、七韻、九韻、十一韻、十三韻。唐人集中或不拘此，説見李贇皇《窮愁志》。首聯先破題目，謂之“破題”。第二字相粘，平側側平爲偏格，側平平側爲正格，見沈存中《筆談》。平側宫商，體勢穩協，視齊梁體爲優矣。唐人律詩用五韻、七韻者，皆特有别義，如明皇《端午三殿宴群臣》之類。○亦不盡拘，《錢仲文集》中有七韻、九韻者。近體多是四韻，古無明説，僕嘗推測而論之，似亦得其理也。聯絶粘綴，至於八句，雖百韻亦止如此矣。如正格二聯，平平相粘也；中二絶，側側相粘也。音韻輕重，一絶四句，自然悉異。至於二轉，變有所窮，於文首尾胸腹已具足，得成篇矣。律賦亦八韻，《文苑注》中已備記之，兹不具論。律賦不專於八韻。

詩家常言有聯有絶，二句一聯，四句一絶。宋孝武言吴邁遠“聯絶之外無所解”，是也。古人多有是語。四句之詩，故謂之絶句，《漢書・元帝本紀》贊：“分刌節度。”韋昭曰：“刌，切也，謂能分切句截，謂之節制也。”“絶句”二字，所從來古矣，蓋不特始自六代也。宋人不知，乃云是律詩首尾。近人因此復改云截句，三寫失烏焉矣。目不識丁之人，妄爲詩話，以誤後學，可恨之極。如此議論，亦非一事也。《玉臺新咏》有古絶句，古詩也。唐人絶句有聲病者，是二韻律詩也，元白集、杜牧之集、韓昌黎集可證。唐人集分體者少，《松陵唱和集》中學齊梁體編入“雜體”。今所傳分體集，皆是近日妄庸人所更定，不足據。宋人集所幸近人不肯讀，古本多存，中亦有分律詩、絶句者。如《王臨川集》，首題云“七言律詩”，下注云“絶句”，甚分明。唐人惟有元、白、韓、杜等是舊次，今武定侯刻《白集》、坊本《杜牧集》，亦皆分體如今人矣。幸二集尚有宋板，新本亦有翻宋板可據耳。高棅《唐詩品彙》出，今人不知絶句是律矣。《白集》中謂之“大律詩”，對“小律詩”二韻者而言也。《小杜集》中大小律同編，又謂之“長韻”。① ○古人多以爲一聯四句爲一絶。亦有古詩與近體多種非四句者，皆是律也。② 高棅又創“排律”之名，雖古人有排比聲律之言，然未聞呼作“排律”。此一字大有害於詩。吾友朱雲子撰詩評，直云“七排”、“五排”，並去“律”字，可慨也。見元板《歐陽圭齋集》，是其高第弟子所編，已有“排律”二字。大抵宋末科舉之士，皆以作詩爲戒，元人學問，漸失源流，相沿此名，竟不悟爲杜撰耳。③

齊、梁聲病之體，自昔已來，不聞謂之古詩。諸書言齊梁體不止一處，唐自沈、宋已前，有齊梁詩，無古詩也。氣格亦有差古者，然其文皆有聲病。李公垂《追昔游》詩序云：“或長句，或五言，或雜言，或歌，或樂府、齊梁，不一其辭。”唐人所分詩體，大抵盡是矣。齊梁自爲一體，不可與古詩混也。沈、宋既裁新體。陳子昂崛起於數百年後，直追阮公，創辟古詩。子昂乃變永明而步趣元嘉

① “韻”，上圖本作“律”。

② “古人”至“律也”共二十九字，據抄本補。

③ “見元板”至“杜撰耳”共五十五字，抄本、“中圖”本作“見元板《歐陽圭齋集》，是其門人所編，已有‘排律’二字。亦非創自高棅也。宋末科舉之士皆以作詩爲戒，元人學問漸失源流，無知者遂杜撰此名耳”。

以前耳。① 唐詩遂有兩體。開元已往，好聲律者，則師景雲、龍紀；矜氣格者，則追建安、黄初，而永明文格微矣。然白樂天、李義山、温飛卿、陸龜蒙皆有齊梁格詩。白、李詩在集中，温見《才調集》，陸見《松陵集》，《松陵集》中學齊梁者，編入"雜體"。② 題注甚明，但差少耳。既有正律破題之詩，此格自應廢矣。《白集》中更分"半格詩"，不知何義。齊梁格詩，猶言齊梁體詩，"格"謂式樣也。既論聲病，則有一定格樣，與古體異矣。《册府元龜》載："李懌後唐天成初爲翰林學士承旨。時常侍張文寶知貢舉，中書奏落進士數人，仍請翰林學士作一詩一賦，下貢部爲舉人格樣。學士竇夢徵、張礪輩撰格詩、格賦各一送中書，宰相未以爲允。夢徵等請懌爲之，懌笑而答曰：'李懌識字有數，頃歲因人偶得及第，敢與後生髦俊爲標格？假令今卻業進士，③就春官求試，落第必矣。格詩不敢應詔。'"觀此一條，可以通"格詩"二字本義，故詳録之。項斯標格遇詩，亦指場屋所作，末句即是通榜之意，有過平時幾度所見，今皆誤會也。《後漢書》注："格，猶標準也。"辛巳春日，過虞山遵王錢丈，出示其所著論詩語數紙，大抵本之馮氏爲多，記其中有論半格詩者，恨未詳閲耳。近日汪生謂此卷附以律詩，其半乃格詩也，非别爲一體。此論實祛余惑，不必更滋臆説。半格詩即齊聲病之體。白公詩必有諷勸者，乃謂之古體，其他或通目曰格詩。觀《元少尹集序》以"格"、"律"對舉可見。余初謂如此，後細檢《白集》又不然，更當從知者質疑耳。④ ○汪西亭立名編訂《白香山詩後集》，卷第一格詩云："按：唐人詩集中無號'格詩'者，即大曆以還，有齊梁格、元白格、葫蘆、轆轤、進退諸格，多兼律詩而言，不專主古體也。顧格詩之義雖亡考，而見諸公之文章者可證。《元少尹集序》：'宗簡，河南人，自舉進士，歷御史府尚書郎，訖京亞尹二十年，著格詩若干首，律詩若干首，賦、述、銘、記若干

---

① "子昂"至"以前耳"共十四字，據抄本補。
② "松陵集"至"雜體"共十二字，據抄本、"中圖"本補。
③ "業"，《册府元龜》、《舊五代史》作"稱"。
④ "半格詩"至"質疑耳"共六十四字，據抄本、"中圖"本補。

首，合三十卷。’由是觀之，格者，但别于律詩之謂。公《前集》既分古調、樂府、歌行，以類各次於諷諭、閑適、感傷之卷，《後集》不復分類别卷，遂統稱之曰格詩耳。時本於十一卷之首格下復繫歌行、雜體字，是以格詩另爲古體之一體矣。豈元少尹生平獨不爲歌行、雜體乎？況公《後序》但曰：‘邇來復有格律詩。’《洛中集記》亦曰：‘分司東都，其間賦格律詩凡八百首。’初未嘗及歌行、雜體者，固以‘格’字該舉之也。又時本三十六卷首作‘半格詩附律詩’，‘半’者，本謂卷内半是格詩而附以律詩云尔，乃直標‘半格詩’，而注‘附律詩’於其旁，是又將以‘半格詩’另爲一體矣。其誤不幾於眇者之捫燭乎？今《後集》既别格律詩次卷，卷首但標‘格詩’、‘律詩’，不復承訛以留疑案。”①皎然作《詩式》，叙置極爲詳盡允當。今人弗考，瞶瞶已久，古詩二字，牢入人心。今之論者，雖子美稱庾開府，太白服謝玄暉，②必欲降而下之，云古詩當如此論也。此處叙得不分明。③ 至於唐人，雖服膺鮑、謝，體效徐、庾，仰而不逮者，猶以爲無上妙品，云律詩當如此論也。吁，可慨已！休文謂謝元暉之詩“二百年無此作”，是直謂其高於秘監、參軍，繼響太康也，後人安得輕之？

阮逸注《文中子》，不解八病，知宋時聲韻之學已微。有一惡書，名曰《金鍼詩格》，托之梅堯臣，言八病絶可笑，王弇州《巵言》不能知其謬也。古書多亡，余所見書又少。沈休文《謝靈運傳贊》，劉彦和《文心雕龍》統論梗概，牽於文勢，不得分别詳言。諸書所言，時有可徵，今略記於此，後有博學之士，爲吾詳之。郭忠恕《佩觿》云：“雕弓之爲敦弓，則又依乎旁紐。”按，“徵”音四字，端、透、定、泥，“敦”字屬元韻端母，“雕”字屬蕭韻端母，則是旁紐者，雙聲字也。《九經字樣》云：

① “汪西亭”至“留疑案”共三百七十一字，據“中圖”本補。
② “玄”字原避清康熙帝諱缺最後一筆，現回改，下同。
③ “此處叙得不分明”，據抄本補。

"紐以四聲,是正紐者。"四聲相紐,東、董、凍、督是也。劉知幾《史通》言梁武云"得既自我,失亦自我",爲犯上尾,兩"我"字相犯也。平頭未詳。蜂腰、鶴膝見宋人一詩話,偶忘其書名,乃雙聲之變也。上下二字俱清,中一字濁,爲鶴膝。上下二字俱濁,中一字清,爲蜂腰。大韻、小韻,似論取韻之病,大小之義,所未詳也。沈侯云:"一簡之内,音韻盡殊;兩韻之中,輕重各異。"詳此則八病俱去,亦不在曲折分其名目也。

今本《玉篇》前有紐弄之圖,列旁紐、正紐甚明。序引《聲譜》,恐是沈隱侯《四聲譜》。聞世間尚有是書,應論八病事,恨求之不得耳。今人律詩但作偶對,於此處全不詳,何以稱律?大抵律詩與曲子同,韻不熟不可作。

唐人律詩有八句全不對者,《白集》中有此體。亦有用仄韻者。如崔顥《黄鶴樓》、太白《鳳凰臺》皆梁陳歌行體也,故《唐文粹》不載,近體卻録此二詩。① 此非律詩,乃宋末以後人誤分耳。〇雖云有聲病,即是律詩,如無八句,俱不對理。② 仄韻大抵吴體居多。白公和元相《夢游春》,乃仄韻長律也。③

律詩始於沈、宋,於時文體,不以用事爲嫌,今人有言五言律不可用事者,大謬。

七言歌行,盛於梁末,梁元帝爲《燕歌行》,群下和之,今書目有《燕歌行集》。北朝盧思道《從軍行》全類唐人歌行矣。至唐開元中漸變其體,王摩詰尚有全篇作偶句者,高常侍多胸臆語,盡改古格。常侍有《燕歌行》一篇,亦是梁陳格調。至李太白,遠憲《詩》、《騷》,割截三祖,近法鮑明遠,而恢廓變化過

---

① "如崔顥"至"此二詩"共三十二字,據抄本、"中圖"本補。
② "此非律詩"至"不對理"共三十字,據抄本補。
③ "仄韻"至"長律也"共二十二字,"中圖"本作"仄韻大體是吴體居多"。

之，雲蒸霞鬱，奇中又奇，千古以來莫能逮矣。三祖唯文帝、明帝有七言，不如引子美所云“何劉沈謝力未工，才兼鮑照愁絶例”爲切要也。[①] 詞多風刺，《小雅》、《離騷》之流。老杜創爲新題，直指時事，如掣鯨魚於碧海，一言一句，皆關世教。後有作者，皆本此二家，遂爲歌行之祖，非直變體而已也。亦有雖用舊題，所賦乃時事者，賈舍人之《燕歌行》是也。太白歌行若此者尤多，論其世則知之矣。〇如《洗兵馬》亦帶梁末格調。[②]

太白雖奇，然詞句多本古人。杜多直用當時語，然古人皆言杜詩字字有出處，不可不知也。直道當時語，所指者新題時事耳。微之與白公倡新題樂府，亦是直道當時語也，豈直用時語、俚語哉！

古詩之視律體，非直聲律相詭，筋骨氣格，文字作用，迥然不同矣。然亦人人自有法，無定體也。陳子昂上效阮公感興之文，語本杼山。[③] 千古絶唱，格調不用沈、宋新法，謂之古詩。子昂《感遇》三十八篇，有古人之心焉，然知其深者，惟一老杜。唐人自此，詩有古、律二體。云古者，對近體而言也。《古詩十九首》，或云枚叔，或云傅毅，[④]詞有“東都”、“宛洛”，鍾參軍疑爲陳王，劉彦和以爲漢人。既人代未定，但以古人之作，題曰“古詩”耳，非以此定古詩之體式，謂必當如此也。李于鱗云：“唐無五言古詩，陳子昂以其古詩爲古詩。”立論甚高，細詳之，全是不可通。只如律詩始於沈、宋，開元、天寶已變矣，又可云“盛唐無律詩，杜子美以其律詩爲律詩”乎？子昂法阮

① “三祖”至“切要也”共三十五字，據抄本、“中圖”本補。
② “如洗兵馬亦帶梁末格調”，據抄本、“中圖”本補。
③ “語本杼山”，據抄本、“中圖”本補。
④ “云”，原作“有”，據抄本改。

公,尚不謂古,則于鱗之古,當以何時爲斷?若云未能似阮公,則于鱗之五言古,視古人定何如耶?有目者共鑑之。此句贅。①《錢考功集》凡古詩皆題曰“往體”,皮、陸《松陵倡和集》猶然。

古詩法漢、魏,近體學開元、天寶。譬如儒者願學周、孔,有志者諒當如此矣。近之惡王、李者,並此言而排之,則過矣。顧學之何如耳?近代只學王、李,而自許漢、魏、盛唐,我不取也,恐爲輪匾所笑耳。七言近體,卻必合唐季玉溪以下數家,始極其變,開、寶不能盡蓋後人也。

《古詩十九首》機杼甚密,文外重旨隱躍,不可把捉。此本之劉彦和。然古詩皆平易可曉,不必徒向文外穿穴也。② 李都尉詩皆直叙無作用,尤爲古樸。江淹所擬《從軍》一首最合。嚴滄浪於此處不解也。

陸士衡《擬古詩》、江淹《擬古》三十首,如搏猛虎,捉生龍,急與之較力不暇,氣格悉敵。今人擬詩,如牀上安牀,但覺怯處,種種不逮耳。然前人擬詩,往往只取其大意,亦不盡如江、陸也。士衡擬十九首,③已覺貌似,而情味都非,唯樂府諸篇爲優耳,觀謝客之擬建安可見。④

韻書定於陸法言,廣於孫愐。法言序云:“與儀同劉臻等夜集,論南北取韻不同,曰,我輩數人定則定矣,魏淵語。遂把筆記之。”按,洛下爲天下之中,南北音詞,於此取正。永嘉南渡,洛中君子,多在金陵。故音詞之正,天下惟有洛下、金陵也。然金陵雜吴語,其音輕;洛下染北音,其音濁。

① “此句贅”,據抄本補。
② “此本之”至“穿穴也”共二十三字,據抄本、“中圖”本補。
③ “衡”,原作“龍”,據上圖本改。
④ “士衡”至“可見”共三十二字,抄本作“士衡之《擬古詩》蓋淡乎寡味。江亦有似有不似也。〇今人讀書先不精,變氣何由相近?”

當法言定韻之夕，如薛道衡北人也，顏之推南人也，當時已自參合南北而後定之，近見朱竹垞《與魏善百書》，亦持此論。故韻非南音也。今人但知沈休文是吴興人耳。同定韻者，范陽盧思道、蘭陵蕭該、狄道辛德源、河東薛道衡、明沂顏之推、①沛人劉臻，其一爲著作郎魏淵，未詳何地人，盧、辛皆北産也。〇亦有散騎常侍李若。閻百詩云："魏、盧、李、辛皆北人，法言亦魏郡臨漳人。蕭該撰《漢書》及《文選音》，顏之推《家訓》有《音辭》之篇。"按：唐郭知元《改併五音集韻序》云：②"蕭、顏多所決定。"③則知此書雖參合南北，④仍從南人決其難疑。蓋自永嘉南渡，⑤文獻斯萃，世胄高門，咸承家學。王融、謝朓，相與創變永明之體，輕重清濁，聲病所分，未應全昧北音。高氏霸業之啓，⑥北士乃盛爲文章。荀濟入北，鄴下始傳其音韻。於時捨南人已别無從取正矣。休文雖産吴興，然讀書萬卷，觀其《宋書》諸志，實爲精博，《四聲譜》自謂入神之作，於南北古今，必能適宜取中。此非囿於方隅，灼然不待據此與辨。

音韻真自難知。如南北曲子，北詞用韻極切，南多借音。吴江沈璟作《南詞韻選》，嚴於取韻，今人宗之。不知北人聲切，開口便見字韻，不得不嚴。南人聲浮，一字或數轉，故韻可借，沈君全不解也。惟見程孟陽頗知此意耳。周德清《中州韻》，所據者止是當時語音，自云："嘗於都會之所，聞人間通濟之語也。"自沈、謝至元時已數百年，語音訛變，豈可以今時俗間語追定古人聲律耶？千載之下，知古人音詞，正賴於韻書耳。既不准信，則流俗方言，日訛日改，何以正之？止如

① "明沂顏之推"，據抄本補。
② "郭知元"應作"郭知玄"，避清康熙帝諱，"玄"改作"元"。
③ "決"，原作"訣"，據抄本改。
④ "書"，原作"詩"，據抄本改。
⑤ "渡"，原作"齊"，據抄本改。
⑥ "之"，原作"云"，據抄本改。

《詩》云:"思齊太任,文王之母。思媚周姜,京室之婦。""母"、"婦"二字,自應讀如韻書矣。德清尚不知,不學如此而譏沈休文,豈不可嘆。或難曰:"周德清誠不知古音矣,陸法言輩亦應是當時語言,隨時可矣,何必古人?"應之曰:"古人經學相傳,皆有音讀,漢末已有翻語,許慎、孫炎。觀陸德明《經典釋文》可知也。休文多學,定四聲時,自應有本。顔之推小學甚深,《家訓》有《音詞》之篇,與法言共定韻書,其裁之審矣,不如德清直以意突也。侏儒問天於長人,以爲猶近之,若問於僬僥,則無此理矣,德清之論陰陽是也。然字音乃有可陰可陽者,亦不别出,今製詞者都不知。德清分重濁爲陽,輕清爲陰,亦似倒置天地之理。近見楊道昇云,明王驥德伯良,號方諸生,作《曲律》,已議其分屬之舛逆。誠齋又有《瓊林雅韻》,全用北音,又與周韻不同。詩賦古人之業,自當以沈韻爲主,詞曲用周德清可矣。祝枝山之論如此。"

吴才老《韻補》,余初時不伏,以爲秦、漢古書多韻語,不應多據唐人也。後自爲之,三十年不成,乃知才老此書,最得其宜。古人不可妄議如此。李先生不取《韻補》,以爲妄作。

安陽姚逸老不知是何人,其書迹似元人,寫一韻書,凡古字律詩不便用者,盡去之。前列韓文公一律賦,杜少陵五、七言各一首,皆詳注宫商輕重,題云"詩賦式",此甚有意。嘗見此書於友人處,其人已亡,不知存否。有暇當更爲之,初學者所宜用功也。

杜陵云:"讀書破萬卷,下筆如有神。"近日鍾、譚之藥石也。元微之云:"憐伊直道當時語,不着心源傍古人。"王、李之藥石也。子美解悶《戲爲諸絶句》,不知當今學杜者何以都不讀。也只草略一讀,不按他下功夫耳。

錢牧翁教人作詩，惟要識變。亦是顳頇好話。① 余得此論，自是讀古人詩，更無所疑，讀破萬卷，則知變矣。"變"之一説，本於皮襲美《松陵集序》。先之以識真何如？

余不能教人作詩，然喜勸人讀書。有一分學識，便有一分文章，但得古今十分貫穿，自然才力百倍。相識中多有天性自能詩者，然學問不深，往往使才不盡。

多讀書則胸次自高，出語皆與古人相應，一也；博識多知，文章有根據，二也；所見既多，自知得失，下筆知取捨，三也。

今人讀書自有通病，好以近代議論裁量古人也，宋人好以三代議論裁量今人，公又以爲偏，何哉？② 以俗本惡書校勘古本也。胡孝轅、朱鬱儀號爲多學者也。胡公論詩，是非老杜，詳其學問所自，不離李于鱗《詩删》。胡有《杜詩通》，其書絶可笑。朱君校《水經》，精審之極，然直以俗本爲據，意有不安，惟小注云"宋板作某字"耳。以二公且如此，何尤乎不學小生耶？小友錢頤仲喜作快語，與客論書，或稱《海岳名言》詆顔魯公，頤仲勃然曰："吾雖王獻之亦不從，何況海岳！"吾於時甚訝此語，因徵其説，頤仲曰："公不學右軍耶？大令自云勝父，何可信也？"我時最賞其能言。學問未到，古人是非之論，且可識之，亦不當信甲而非乙。若近日妄庸之人，大言無愧，讀其書使人笑來，淺學一爲所誤，粃糠眯目，天地易位，雖破萬卷，惡識先據於胸中，終不解一字矣。

鍾伯敬創革弘、正、嘉、隆之體，自以爲得性情也，人皆病

① "亦是顳頇好話"，據抄本補。
② "宋人"至"何哉"共十九字，據抄本、"中圖"本補。

其不學。余以爲此君天資太俗，雖學亦無益。自是不學之故，學則自悟其謬，何俗氣不可湔袯乎？所謂性情，乃鄙夫鄙婦市井猥媟之談耳，君子之性情不如此也。此傖不唯見地鄙猥，即一詩中上下文義，全然昧昧。近有北人秘之枕中，真奴才也。○近閱二傖所批齊梁體詩，彌信定翁之言不謬。①

王、李、李、何之論詩，如貴胄子弟，倚恃門閥，傲忽自大，時時不會人情。鍾、譚如屠沽家兒，時有慧黠，異乎雅流。鍾、譚議論，稍通文理即能辨其陋劣。② 錢牧翁選《國朝詩選》，余謂止合痛論李、何、王、李，如伯敬輩本非詩人，棄而不取可也。猶之茅坤、艾南英不得爲文人耳。

① "近閱"至"不謬"共十八字，據抄本補。
② "鍾譚"至"陋劣"共十四字，據抄本、"中圖"本補。

卷第四　讀古淺説

六籍裁於聖手，然秦火之餘，諸儒傳録，豈無譌竄？然大體不失。生於千載之下，方欲追而定之，非愚則妄矣。意有不安，存疑可也。宋人紛紛之論，多有不信六經處。就其所得，亦無大益。一有僻失，則得罪於名教。歐公不信《繫詞》，朱子深辯其謬，以愚論之，更不必多言，只問歐公能作《繫詞》否？不信《繫詞》，又何功於天下萬世？歐公只是不曾細讀。如王柏欲删《野有死麕》諸篇，其源亦推排《小序》者啓之。

儒者於六經，如法吏之於三尺，一字動摇不得。法吏定罪，必據三尺；儒者論事，必本六經。自儒者之是非六經也，所以邪説競作，更無以壓之。宋朝諸君子，直是未睹其害耳。讀六籍，心有不合，如見父母之過，口不得言也。初讀時多不合，久後學問進，便覺得自家粗淺。

訐也，訕也，稱人之惡也，宋人謂之英氣，君子之所惡也。一部《讀史管見》，都是謗毁古人。此書吾亦以爲不佳，但不得因此盡誣宋人。① ○吕東萊《博議》亦可笑。②

讀《孟子》，有與《論語》不同處，當信孔子。讀程、朱之

---

① “此書”至“宋人”共十七字，據抄本補。

② “吕東萊博議亦可笑”，據抄本、“中圖”本補。

書，有與孔、孟不合處，當信孔、孟。東萊之《博議》亦其流耳，但不得執此蓋程、朱。

程子論《左傳》，云："信其可信者。"如愚則不然，不如闕其所疑。

夫子曰："信而好古。"宋人讀書，未聞好古，只是一肚皮不信。大抵宋儒於性命之理，誠得所不傳，而於事物之源流，則聞見已不逮古，乃務與古人爭高，故立論多失於太過。朱子晚年深服康成，是其獨勝諸儒處。

太史公之於道，吾未之審也，此公自是一代賢者。只不消得開卷便苦口指摘，何好指摘？① 須不比揚、墨。永嘉尊信《史記》，亞於六經，真屬強作解事，被朱子"《史記》有甚道理"一句掃倒，但其文章卻亦有微旨。宋儒硬將大話推排，又不識史法耳。② ○《史記》一團怨望，楊惲效法外祖，遂爲宣帝所誅。③ 吾於此甚不平，於揚子雲只是妒他，如詆詞賦爲童子之爲，亦是妒相如。不必盡妒，然但論雅曲異施，風勸異用，何害爲壯夫也？④

齊家治國平天下，是儒者大學問，若於這個不下得手，只是正心誠意處不曾細細理會。此至論，非詆諆。

孟子不爲管仲，他的時節霸道救不得。南宋人也學他説，卻是風痹不知痛癢，説話須理會金人。

作文不可不識字。如"貫穿去"字不應作"串"，⑤"聽"字不應作"听"，"體"字不應作"体"，皆別字也。"誶"、"訊"一字

① "何好指摘"，據抄本補。

② "又不識史法耳"，抄本作"又是全不識《史記》也"。

③ "史記"至"所誅"共十八字，據抄本補。

④ "不必盡妒"至"壯夫也"共二十一字，抄本、"中圖"本作"如何是妒？如此，但是才人著書，雖公是公，非無所復用。○雖好也是童子，如何是妒相如？公眼孔恁地小"。

⑤ "去"字爲《雜録》原注，非何焯評語。

也，王弇州誤重用。“祝”、“呪”古今字也，錢牧齋誤作二字。見《答錢君鴻書》。① 皆文字大病。

讀書不可先讀宋人文字。吾輩科舉人初見此語，必疑其拘葸，甚且斥爲凡陋。久閲知書味，自信爲佳。

奪胎接骨，山谷語。宋人謬説，只是向古人集中作賊耳。冷齋稱王荆公《菊花詩》，“千花萬卉凋零後，少意味，今本集作“可憐蜂蝶飄零後”，與《冷齋夜話》不同。○《冷齋夜話》，釋惠洪著。② 始見閒人把一枝”，以爲勝鄭都官《十日菊》，謬也。荆公詩多滲漏，上句“凋零”二字不妥，下句云“一枝”，似梅花，“閒人”二字牽湊。“凋零”貼不得“花”，但荆公亦本鍾士李《菊花賦》“百卉凋瘁，芳菊始榮”之語。“一枝”字則陳羽詩“節過重陽人病起，一枝殘菊不勝愁”也。何如微之云“不是花中偏愛菊，此花開後更無花”樂天深服此詩。語意俱足？鄭詩亦混成，非荆公所及。此等皆是拾朱子餘唾。朱子於詩，所得甚淺。③ ○《十日菊》鄭谷：節去蜂愁蝶不知，曉庭還繞折殘枝。自緣今日人心别，未必秋香一夜衰。④

看齊梁詩，看他學問源流，氣力精神，有遠過唐人處。此定老專門之學，當終身服膺之。○齊梁詩但有句，乃只是未變，就底沈、宋弛筋懈脈，都無氣質。⑤ 或問：“如何是謝朓驚人句？”答之曰：“叔源失步，明遠變色。”何不云“大江流日夜，客心悲未央。”⑥○齊梁詩畢竟深厚，只李、杜可以與之馳騁。⑦

千古會看齊梁詩，莫如杜老，曉得他好處，又曉得他短

---

① “見答錢君鴻書”，據抄本、“中圖”本補。
② “冷齋夜話釋惠洪著”，據抄本、“中圖”本補。
③ “此等”至“甚淺”共十七字，據抄本、“中圖”本補。
④ “十日菊”至“一夜衰”共三十三字，據抄本補。
⑤ “齊梁詩”至“氣質”共二十三字，據抄本補。
⑥ “大江流日夜客心悲未央”，據抄本補。
⑦ “齊梁詩”至“馳騁”共十六字，據抄本、“中圖”本補。

處，他人都是望影架子話。今日信之。庚午。①

庾子山詩，太白得其清新，老杜卻得他縱横處。確當。○庾詩，李得其豐容，杜得其骨髓。② ○虞子山，子美但學他賦。③

今人説李太白，都不知他學問來歷。老杜知之，知之而不曾言。④

或問老杜學何人，答之曰：風雅之道未墜於地，賢者得其大者，不賢者得其小者。"夫子焉不學？而亦何常師之有？"

千古惟老杜可配陳思王。

敖陶孫器之評詩，如村農看市，都不知物價貴賤。論曹子建云："如三河少年，風流自賞。"只此一語，知其未嘗讀書也。

宋人詩逐字逐句講不得，此言爲已蒼而發。須另具一副心眼，方知他好處。大約唐人詩工夫細，宋人不如也。看明人詩，卻須一字一句推敲，方知他不好處。只爲明人詩自無面目，反剥削唐詩字句。⑤

東坡書有壞筆，詩有壞句，大家舉止，學他不得。嘻笑怒駡，自是蘇文病處，嘻笑怒駡皆可書，而誦此亦是莊子家法。⑥ 君子之文必莊重。蘇公自有大文字，蘇自有賈誼、陸贄之學。⑦ 今小人只讀《坡仙集》。《表忠觀碑》、《司馬温公行狀》，古今大文也。其次則《富鄭公神道碑》、《張安道墓咏》。

---

① "今日信之庚午"，據抄本、"中圖"本補。
② "確當"至"骨髓"共十四字，據抄本、"中圖"本補。
③ "虞子山子美但學他賦"，據抄本補。
④ "老杜知之知之而不曾言"，據抄本、"中圖"本補。
⑤ "只爲"至"字句"共十六字，抄本、"中圖"本作"只爲明人詩面目反近唐"。
⑥ "嘻笑"至"家法"共十六字，據抄本補。
⑦ "蘇自有賈誼陸贄之學"，據抄本、"中圖"本補。

有一欽聚三，自許甚高，論詩云："必得如杜子美。"余戲之曰："當今人才，冠絶千古。"或問其説，余曰："千古只一陳思王，謝康樂云：'天下人才，都得一石，陳思王獨得八斗。'又云：'我亦得一斗。'則康樂不敢當陳王也。至唐有老杜，始云：'詩看子建親。'是千古只一子美也。今聚三論詩，但不及子美，便云不足觀，小兒女子皆須若此。天下詩人多矣，不知今日如何生得許多子美。嗚呼！此正是不知子美耳。杜詩不可不學，若要再出一個老杜，恐不可得。不讀書人讀文字，一味都是虚氣。"可惜定翁生平所遇者無一佳士，如錢牧翁，讀書萬卷，卻是奴才。①

有一塾師浩嘆曰："鄭子産親遇聖人，而不聞聖人之道。"應之曰："子産有君子之道四，吾丈有幾？"變色曰："朱夫子曾説來。"應之曰："吾丈不是朱夫子。"

文人有譏訶前人處，須細細點勘，不可便隨他一樣説。

揚子雲《君子篇》曰："《淮南》，聖人無取焉。"斯言過矣。芻蕘之言，②聖人擇焉，君子不以人廢言。如云："淡泊明志，寧静致遠。"斯言也，諸葛孔明嘗取之矣。揚子亦謂其書乍入乍出。

陶彭澤之人品，高矣美矣，其詩文亦稱其爲人。歐文忠公云："晋無文章，惟有《歸去來詞》一篇。"豈得言晋人都無文字，晋人古文，更看不入眼。③ 但愛之至，不知其稱之過也。後人亦學他説話，便是吠聲之犬。杜牧稱李賀詩歌少加以理，可奴僕命

① "可惜"至"奴才"共二十五字，據抄本補。
② "芻"，原作"蒭"，據借月本改。
③ "晋人古文更看不入眼"，據抄本補。

《騷》,其語亦然。①

《新唐書・高祖本紀》書禁浮屠、老子之學,原父有言:"好個歐九,只可惜不讀書。"②當時只沙汰僧道耳,未嘗禁其學也。老子是唐人之祖,如何禁得? 此言若在唐以前人,不妨傳笑一代矣。宋人卻多如此,只是後代人不讀書,易欺,不敢駁正耳。非讀書人拿不出他如此大破綻。③

學者意不誠,心不正,所以不能論古人。只如夫子直道而行,無毀無譽處,都不曾理會。

"功夫須從上做下,不可從下做上",嚴滄浪之格言也。

儒者議論,好與聖人相反。臧文仲,孔子所惡,卻要尋他好處。子産,孔子所敬,專要説他不是。儒者信孔子不如信孟子,今人信孟子又不如信程、朱。此事之不可解者。

柳子厚《封建論》本於《吕氏春秋》。兼采《列子》。子厚多學子書作文字。愚溪説亦出《吕氏春秋》。

少正卯吾不知其何人也,據後代之人言之,甚似王安石。行僻而堅,尤相似。

奸雄最難處置,無罪而除之則無名,待其有罪,則天下之事,不知被他壞了多少。孔子殺少正卯,在後世便行不得,朱子疑此事爲虚,只是不曾實實體究,不知他害事處。奸雄不早除,久後便除不得。此等度外之事,亦須聖人始行得,但不用命戮于社,亦唯軍禮爲然,兩觀之下,非刑人地,即此粗迹,已爲可疑之大者耳。

漢人八分勝唐人,不待智者而知也。然漢碑年遠,多損

① "杜牧"至"亦然"共二十字,據抄本補。
② "原父"至"讀書"共十四字,據抄本補。
③ "非讀書人"至"破綻"共十三字,據抄本補。

剥，唐碑年近，多完好。今人喜學漢碑損剥處，以爲學漢，可笑。漢碑自有完好者。唐碑如韓擇木《桐柏觀碑》、蔡有鄰《元氏令龐君碑》，直逼漢京矣。徐季海《嵩陽觀記》亦端偉，可拓爲署書。極小字則《石臺孝經》亦可觀采。〇《石臺孝經》自是好，是甚氣魄？〇八分極小字惟《孝經》有之。〇唐碑莫善於徐季海《嵩陽觀記》。〇唐碑中，余最愛梁昇卿《御史臺記》。①

楊鐵崖詩②，老鐵詩無一篇完好者。不解用古事，剪截無法，比擬不倫，比擬不倫，直識劣耳。句法多不完整，工夫淺也。源流先錯。

李太白歌行，句句有本。

圖騕褭之形，極其神駿，若求伏轅，不免駕款段之駟；寫西施之貌，極其美麗，若須薦枕，不如求里門之嫗。萬曆時，王、李盛學漢、魏、盛唐之詩，只求之聲貌之間，所謂圖騕褭、寫西施者也。虞山詩人好言後代詩，所謂款段之駟、里門之嫗也。遂謂里門之嫗勝於西施，款段之駟勝於騕褭，豈其然乎？況今日之虞山詩人，撏撦剽剥，其弊與王、李正同，而文不及王、李，是圖款段之馬，寫里門之嫗者也，宜爲世人所笑。錢遵王以爲詩妖，此君亦具眼。只當咎王、李淺陋，學漢、魏、盛唐而剽剥字句，不知古人之所以爲工。今乃因王、李而反尚宋、元及金源之詩，則傎矣。定翁有論遺山與牧翁高下處最深切，耳學者不知也。

學書須學真迹，不是不看石刻；作文要作自家話，不是不學古人。

余生僅六十年，上自朝廷，下至閭里，其間風習是非，少時所見，與今日已迥然不同。況古人之事，遠者數千年，近者

---

① "石臺孝經"至"御史臺記"共四十七字，據抄本、"中圖"本補。
② "崖"，原作"稚"，據借月本改。

猶百年，一以今日所見，定其是非，非愚則誣也。理自無異，但須細細推究其本末耳。① 宋人作論多俗，迂僻者誠可惡。② 只坐此病。身不出里巷又守一先生之言，不能旁推交通於他書，焉得不俗乎！○"俗"字誠所不免，守一先生，更不讀書，便都惟三家村語矣。③

宋儒議論是非不平，便是他心不正處。如歐公論馮道儘寬平。④

不近人情，而云盡心知性，吾不信也，其罪在不仁；不知時勢，而欲治國平天下，吾不信也，其罪在不智。不仁不智，便是德不明。

孔子云："三人行必有我師焉。"所謂"必有我師"者，亦非謂其人會體過於聖人也。⑤ 宋儒云："三代已後無完人。"於孔子所云"擇其善者而從之"一句，都不曾理會，但事出三代已下，雖極好處，亦一概不肯學。此恐不盡皆然。

凡人作文字，下筆須有輕重。論賢人君子，雖欲糾正其謬误，詞宜宛转；若言小人奸賊，不妨直駡。今之作古文者，多不理會。先君子教人作古文云："但熟看《春秋》，便知一字輕下不得。"不知《春秋》便如何看來。⑥ 後曾與徐良夫言此，則云不必，且引蘇子瞻爲證，不知此正是蘇文字不好處。不惟子瞻，唐人已有此病。有根本之言。馮氏一家詩筆之學，其淵邃乃至此。

揚子雲引天下之文字歸之六經，有功於聖人之門，變於

---

① "理自無異"至"本末耳"共十四字，據抄本、"中圖"本補。
② "迂僻者誠可惡"，據抄本、"中圖"本補。
③ "俗字"至"三家村語矣"共二十二字，據抄本補。
④ "如歐公論馮道儘寬平"，據抄本、"中圖"本補。
⑤ "所謂"至"聖人也"共十九字，據抄本補。
⑥ "不知春秋便如何看來"，據抄本補。

蘇氏父子，至近代王弇州、李于鱗，而掃地無餘矣。經術裂於正始，復振於元和，其中亦升降不一。① 蘇氏唯明允起於蜀中，獨學無友，議論多駁。子瞻兄弟少年，《應詔集》是其家學。晚歲皆致力於經。子瞻於《書傳》尤有功聖門，非近代謬學可妄托也。②

古人學問，可敬可信，學者不可不知，然大謬處亦宜仔细。如歐公以八分爲隸字，此不待趙明誠、章惇而後知其誤也，今人從而不改，不知何故。近孫子長好以楊用修言語駁正文字。許夫人作《燕子詩》用"金鏤楣"者，子長以爲誤，云是"金樓楣"。此事出《吴越春秋》，初非僻書，子長不知，蓋爲用修所誤。用修好妄而健忘，其著書幾於一字不可信，恃名欺人，不顧萬世之笑。用修人品，不妨可敬，其文字欺妄，非痛駁不可。

余於前人未嘗敢輕詆。老人年長數十歲，便須致敬，況已往之古人乎？然有五人不可容：李禿之談道，此誅絶之罪也，孔子而在，必加兩觀之誅矣。程大昌之《演繁露》，妄議紛紛。泰之不唯妄議，其健忘而謬誤處亦多。楊用修之談古，欺天下後世爲無一人。此公心術欠正，於此可見。譚元春、鍾惺之論詩，俚而猥，不通文理，不識一字。此乃狹邪小人之俗者，此語甚的當。③ 名滿天下，真不可解。

南北朝人以有韻者爲文，無韻者爲筆，亦通謂之文。唐自中葉已後，多以詩與文對言。愚按：有韻無韻，皆可曰文。

---

① "經術"至"不一"共十八字，抄本作"恐不得獨歸功揚子，變亦不始蘇氏。經術裂於建安，復振於元和，此一要升降，何以定翁未曾理會？"

② "蘇氏"至"妄托也"共五十六字，抄本、"中圖"本作"明允議論多駁，子瞻惟少年，策論出於戰國耳。其晚歲所作《書傳》，有功於聖門大矣。定翁似未研討耳。子由文則吾未盡讀，未敢置論"。

③ "此語甚的當"，據抄本補。

緣情之作則曰詩。詩者思也。情動於中,形乎言;言不足,故長言之;長言之不足,故咏歌之;有美焉,有刺焉,所謂詩也。不如此則非詩,其有韻之文耳。《禮》有汤之盤銘、孔子誄,《春秋左氏傳》有卜筮繇詞,皆有韻,《三百篇》中無此等文字。知古人自有阡陌,不以爲詩也。

漢人墓碑多云"誄詞",哀誄本出《楚辭》。① 末多有"亂曰"。蔡卞刻《曹娥碑》,卞有大字刻本。改爲"銘曰",此公不學,可笑。今世傳《昇平帖》可考,②然陕西所刻亦改之矣。漢人碑銘,亦云是詩,其體相涉洪氏《隸釋》所載有五言者。也。然古人文字自有阡陌,終是碑文,非詩也。唐人亦多言"銘詩",祖漢人也。大率文章體製,須以《文心雕龍》、《文選》兩書爲據。宋人經五代之亂,多不詳古人淵源矣。

賦出於詩,故曰古詩之流也。《漢書》云:"《屈原賦》二十五篇。"《史記》云:"作《懷沙》之賦。"騷亦賦也。宋玉、荀卿皆有賦,荀賦便是體物之祖。賦、頌本詩也。後人始分,屈原有《橘頌》。《史記》云:"相如奏《大人之頌》。"潘安仁《藉田賦》亦曰頌。○《漢書·王褒傳》:"太子喜褒所爲《甘泉》及《洞簫頌》。"

陸士衡云:"詩緣情而绮靡,賦體物而瀏亮。"詩、賦不同也。宋人作著題詩,不如唐人咏物多寓意,尚有比興之體。

梁末始盛爲七言詩賦,今諸集不傳,類書所載可見。王子安《春思賦》、駱賓王《蕩子從軍賦》皆徐、庾文體,王司寇、楊狀元不知,概以爲歌行。弇州云:"以爲賦則醜。"此公誤耳。七言賦亦非齊、梁人自作此體也。《漢·禮樂志》云:"武帝立樂府,

---

① "哀誄本出楚辭",據抄本、"中圖"本補。
② "昇",借月本作"昪",注曰:"古昇字。"

以李延年爲協律都尉,多舉司馬相如等數十人,造爲詩賦,略論律吕,以合八音之調。”是則今所傳漢人樂府歌詩中亦有賦焉,七言詩賦權輿於此。後人讀《漢書》率略,故不察耳。張平子《思元賦》,①自系曰:“以下皆爲七言。”此又見於《後漢書》、《文選》者也,凡子亦將目爲歌行耶。○醜則醜矣,然以爲歌行,則是不知當時文體。②

古人七言歌行,止有《東飛伯勞歌》、《河中之水歌》。魏文帝有《燕歌行》。至宋、齊多有雜言詩。梁元帝作《燕歌行》,一時文士爭和,鄭漁仲《通志·藝文志》有《燕歌行集》,今其書不存。《庾信集》有一篇可見。北人盧思道有《從軍行》。皆唐人歌行之權輿也。七言歌行,唐人相襲,雖少變於開元、天寶,然其體至今見行,楊狀元、王司寇輩不以爲異。至賦則不習,遂以爲醜。語云:“少所見,多所怪。”豈不然歟!

近有一人,言沈休文《八咏》,以爲似賦,不知詩、賦體相涉也。如齊高帝《寒客吟》便亦似賦。大抵長詩從賦變來。③晋人又有五言之賦,幸此輩不見,見則不勝其譏笑矣。體相涉,用不同,作詩賦者,辨章惟此而已。

古人墳籍,散亡略盡,僅有存者,多被後人改壞,不可據。凡古人文字中所用事與今所傳不同者,古書有之,今人不見耳。如張博望乘槎事,古人通用,焦弱侯以爲杜詩之誤,不知此出《東方朔外傳》,見《太平御覽》,自與《博物志》所記不同,焦公未知也。

東坡云:“鮌蓋剛而犯上者耳,如《左氏》之言,皆後世流傳之過。”若如所論,則《堯典》、《洪範》皆不足信耶?東坡此語,

---

① “思元賦”應作“思玄賦”,避清康熙帝諱“玄”字作“元”。
② “醜則醜矣”至“文體”共十七字,據抄本、“中圖”本補。
③ “如齊高帝”至“變來”共十九字,據抄本、“中圖”本補。

但據《離騷》，尚不似今人直以意翻案。蘇氏文章，大抵趁快説去，或有爲而發，與本事曲折多不相符合，此即歐公亦有之矣。① 宋人好立異論，不肯詳考熟思，大略如此。至程子之説，則尤甚矣。

太史公云："諸家言黄帝多不雅馴，縉紳先生難言之。"其不好奇明矣。要之，馬遷固不免好奇之病，如載秦穆公、趙簡子夢之帝所諸事，皆似可略也。② 揚子雲不知何見，譏以好奇。如子雲作《蜀本紀》，其書雖不傳，然所言上古蠶叢已來奇事，頗有存於他書者，皆非六藝所述，恐太史公不必信也。初謂載秦穆公、趙簡子夢之帝所諸事，似乎可略。後思要非無謂，飛廉、惡來之後，③昌熾如此，天道豈可問耶？載之以見事，固有不可知也，史家妙用，亦難爲尋行數墨者道矣。《伯夷傳》云："學者載籍極博，必考信於六藝。"此一言也，鄭漁仲、蘇子由皆不知，觀子由《古史》，直似未嘗全讀《史記》者，可怪也。此論宋儒評《伯夷傳》已发其端，見《妙絶古今》中。

或曰："《史記》叙下宫之難，不取《左氏》，豈非好奇乎？"余曰："不然也。趙亡，去漢興未遠，此國之大事，趙氏所由存亡，雖秦火之後，其文獻必猶有可徵者。且云公孫杵臼、程嬰，趙氏廟祀之，此千古義人，太史公時，計其祀或應未絶。史有傳疑，不可盡削。如《孟子》叙子濯孺子事，亦與《左傳》不同，豈得便駁孟子？太史公時，《左傳》未行世。漢興，唯張蒼、賈誼見此書，其傳在河間，太史公但據《國語》，班《書》本傳可考，固非不取《左氏》也。先生云："班'贊'中所謂《左氏》、《國語》者，兼《左氏春秋傳》而言，其上文甚明。上説乃余之疏略也。〇孔子素王，田常竊國，聖賢窮

① "蘇氏"至"有之矣"共三十三字，抄本、"中圖"本作"蘇氏文章，大抵趁快説去，或有爲而發，與本事都不相顧"。

② "要之"至"可略也"共三十字，據抄本、"中圖"本補。

③ "廉"，原作"來"，據抄本改。

而亂賊熾，春秋安得不變爲戰國乎？作史之微旨有不盡於叙傳者，是在後之能人耳。”①漢時有《公羊》、《穀梁》外傳，言此二書，爲其考信六藝也。今皆不知所言何事，太史公當時豈《左傳》之外便無所據乎？蘇子由言太史公不學，正以其專信六經，不取異説耳。至於此輩事，又必以《左傳》駁之。甚矣，太史公之不爲後人所容也！”

《太史公書》，班固論之極當，其所云抵牾疏漏，注家已詳。《索隱》詳之。後人不當洗垢索瘢，更加鍛鍊，以求其過。然孟堅云“先黄老而後六經”，便是合父子之論而一之。永嘉諸公已辯之。② 揚子雲更不研審，過矣。太史談在文、景時，故尚黄老；太史遷在武帝時，故重儒，亦隨時而已。然子長不爲無心於儒學。太史公之於儒，如村嫗之佼佛。③

《左氏》太文，子長質而不俚，然序論形勢，指説人情，分明如畫，文亦有餘也。歐陽永叔文太略，所以不及《史記》。恐亦因五代無文籍，如蜀不立史官，承祚即不得不略。④

韓吏部之文，古文也。歐文忠公只是今文，不如唐人，四六尚有古意在。抑揚太過，如何能服歐公？⑤

歐陽公作《馮道傳》，平叙而人品自具。⑥ 不激不矯，無溢美，亦無溢惡，古人不過也。此文勝於《唐六臣傳》。《六臣傳》，許裴樞或過，此六人之無恥，何所逃也？陳壽序漢、魏之際緣在晋，故稍遜其辭耳。君臣之義，賴史筆扶持，放過不得。

---

① “孔子”至“能人耳”共四十四字，據抄本補。
② “永嘉諸公已辯之”，據抄本補。
③ “太史公”至“佼佛”共十二字，據抄本、“中圖”本補。
④ “恐亦因”至“不得不略”共二十一字，據抄本、“中圖”本補。
⑤ “抑揚太過如何能服歐公”，據抄本、“中圖”本補。
⑥ “具”，抄本作“見”。

平生不喜《新唐書》列傳，叙事全無條理。① 邇日讀之，其論讚大有不可及處，謂其公平。宋公未可輕議也。歐陽公文甚高，然用心不平，作史論則不便。

蘇子瞻《表忠觀碑》，真子長之文矣。《表忠觀碑》體源本出元微之《田弘正神道碑》，説似今人亦必不信。② 或云："蘇文妙在不學古人。"何耶？坡公作《補孟嘉登高文》，集作《補龍山文》，上代孫盛嘲，下代孟嘉辨。〇坡公簡畢處，極似晋人，豈獨《補》？③ 便似晋文。比晋人恐未自然。④ 此公真才兼千古，公四六最妙。正緣其學出《莊子》也。⑤

張文昌之詩、皇甫持正之文，坡公以爲走僵而不能爲韓公者也。然坡公視此二人，其工夫精細處，坡公或不如他。坡公才大，公論。⑥ 自可上掩古人，但前人有工夫，坡公所不及也。

余嘗讀《爾雅》，有儒者相規，乃生員，非儒者。曰："此等學問，支離瑣碎，不足勞心。"嗚呼！此書乃《詩》、《書》之義訓，不讀此，如何讀《詩》、《書》？此小學也。夫子曰："多識於鳥獸草木之名。"非此書，則詩人之興，遂不可解矣。其人徒衆，皆戇然如市中小人，自以爲高，而不可諫。既不識字，所行便多乖謬。噫！盡如此輩，君子小人無别矣。

---

① "叙事全無條理"，抄本、"中圖"本作"《新唐書》文字極不好，叙事全無條理。〇《唐六臣傳》許裴拒太過"。

② "表忠觀碑"至"不信"共二十一字，據抄本、"中圖"本補。

③ "坡公"至"獨補"共十二字，據抄本補。

④ "比晋人恐未自然"，抄本、"中圖"本作"此篇卻不似晋人，只是公本色。題作《補龍山文》，上篇補孫盛嘲落帽之辭，下篇代補《解嘲》，不當改云《登高文》也"。

⑤ "正緣其學出莊子也"，據"中圖"本補。

⑥ "公論"，據抄本補。

韓吏部言“文從事順”，[①]淺者以爲口實，便云古文不尚艱深，古文亦何尚艱尚深矣。[②] 不知此語正謂樊宗師也。樊宗師之文，殆不可句矣。樊公著述之富，宋時已不全，至今日則僅有如《越王樓詩》，今《唐詩紀事》有此文。以石本較之，訛字且數十，宜其難通也。然講而讀之，文未嘗不從，事未嘗不順，[③]所以爲工。今之自附於歐、蘇者，淺薄通率，號爲古文，講之，其文不從，事不順，[④]文既不文，古亦不古。更詆韓文，以爲尚有古語，不如歐、蘇。吾末如之何也已矣。文無難易，唯其是耳，此言盡之。文尚簡古深嚴，如歐、蘇乃漸趨冗弱矣。然必爲樊之澀，又矯枉而過其正。深味六籍，自得權衡耳。歐公《絳守居園池》詩，議論自得中，但生平所爲文，自有過於紆曲，流入冗弱處。朱子議《無逸》篇中“譸張爲幻”句，蓋宋以來議論便如此。○今人文字，亦何嘗似歐、蘇？○唐人畢竟去古未遠，若今日作文，正不當多用古語，猶作正書中不得更雜分隸，如小歐、褚公體也。[⑤]

《詩》文《雅》、《頌》多艱深，《國風》則通易。《風》或出於里俗，《雅》、《頌》大文多朝廷作者爲之。雖有如寺人孟子之類，然得列於《雅》，亦必是當時能文者。《尚書》是朝廷文字，語多難解，非特古今言語不同，蓋古之文人鍛鍊文字，其體如此，不以平易者爲美也。《孔叢子》中已有明説。此亦一説，擬《書》者但以韓吏部爲衷，則鍛煉尚不失之僻澀矣。“子”字衍，古人但謂之《孔叢》，《隋書・經籍志》可據。百詩云。○君引《孔叢》，吾則信《論

① “事”，抄本作“字”。
② “古文亦何尚艱尚深矣”，據抄本補。
③ “事”，抄本作“字”。
④ “事”，抄本作“字”。
⑤ “今人文字”至“小歐褚公體也”共四十八字，據抄本、“中圖”本補。

語》。孔子曰："辭達而已矣。"然則《尚書》不達耶？① ○《雅》、《頌》宏深，《國風》淺近則有之，若以爲艱深，則吾嘗頌《詩》矣，未敢附合也。②

文、武之道，未墜於地，賢者識其大者，不賢者識其小者。孔子學之周公。仲尼之道，未墜於地，散在諸子，二戴撰集以遺後人。崇禎間，有一妄人，上疏請更定《禮記》，我不知此人欲使何人定之。士大夫不察，或惜其言之不行，所謂多見其不知量也。閩人，鄧其姓，③自定一書上之。此人不學，如《魏鄭公傳》，想都未讀。

我讀《論語》，得爲文之法，曰：草創之，討論之，修飾之，潤色之。討論之事，至宋人而廢矣。或疑其説，應之曰："子以蘇子由何如？"曰："善矣。"子由論劉先主曰："用孔明，非將也；據蜀，非地也。"考《蜀志》，孔明在先主時，未嘗爲將，至南征始自將耳。若不據蜀，便無地可以措足。此語乃不討論之過也，宋文多如此，而讀者不以爲怪，故知當時論文無討論之功也。如韓退之絶無此等病累。公亦只讀過《山堂考索》，不曾讀《論語》。④

《荀子》言殺《詩》、《書》，焚書之漸也；歷詆諸儒，坑儒之漸也。《荀子》好言禮，實不知禮。禮者非從天降也，非從地出也，生於人心者也。先王因人心而制禮，豈以其違性者强之乎？《荀子》言性惡，則其所謂禮者，政刑之末耳，非禮也，古人所以制惡人者也。《荀子》之言禮特儀耳。⑤ 李斯之學，全出

---

① "君引孔叢"至"不達耶"共二十四字，據抄本、"中圖"本補。
② "雅頌"至"附合也"共二十七字，據抄本補。
③ "姓"下，抄本、"中圖"本有"名忘之矣"四字。
④ "公亦"至"論語"共十四字，據抄本補。
⑤ "荀子之言禮特儀耳"，據抄本、"中圖"本補。

於荀卿，此太過矣。① 坡公論之不詳也。

《論語》醇乎醇者也，《孟子》大醇而小疵，《揚子》醇疵半，《荀子》時有可采耳。此又不如仍前人之論。〇《荀子》自勝《揚子》，此非定翁所能知也。②

今人看《史記》，只看得"太史公文集"，不曾看史。《史記》載秦、漢間攻取形勝頗詳，而於五霸規模，即不能舉其要，豈因《左傳》、《國語》已自不朽，故從略耶？或疑相如、子雲，《史》、《漢》不當立獨傳，不知《史》、《漢》以文之煩簡分卷帙，不重合傳、獨傳也。自近代始重獨傳耳，唯合傳則必其事相關。③

《漢書·儒林傳》："伏生，濟南人。孝文時求能治《尚書》者，時伏生年九十餘，老不能行，詔朝錯往受之。"顏師古注引衛宏《定古文尚書序》云："伏生老不能正言，言不可曉也，使其女傳言教錯。齊人語與潁川多異，錯所不知者凡十二三，略以其意屬讀而已。"宋儒多惑於衛説，致疑於《尚書》。今按：衛宏之言妄也。《漢書·藝文志》："《尚書經》二十九卷。大小夏侯二家。《歐陽經》三十二卷。"師古曰："此二十九卷，伏生所傳者。"又云："秦燔書禁學，伏生獨壁藏之。漢興，求得二十九篇，因以教齊、魯之間。"云"壁藏而求之，得二十九篇"，是伏生自有本，不假口傳明矣。又考《儒林傳》："伏生教

---

① "此太過矣"，據抄本、"中圖"本補。

② "荀子"至"能知也"共十四字，據抄本補。

③ 本條評語，"中圖"本作"《史記》只知道些戰勝攻取之策，其他皆不著，緊大話，他于聖賢學問固是全然不曉。即五伯規模亦未得其要領，真書生文字。〇"抄本作"《史記》只知道些戰勝攻取之策，其他皆不著，緊大話，他于聖賢學問固是全然不曉。即五伯規模亦未得其要領，真書生文字。〇然我亦謂是"太史公文集"耳。即如司馬相如立一特傳，盡載其竊妻之事，此何義例耶？〇千古有幾相如可以無行廢乎？載之亦使人動愛惜人才之念耳。〇《史》《漢》不以獨傳、合傳分輕重，自近代始重獨傳耳。有相如之詞賦，雖竊妻無行，猶不可使在泥塗，載之亦自傷也"。

濟南張生及歐陽生。歐陽生字伯和，千乘人也，事伏生。夏侯都尉從濟南張生受《尚書》，以傳族子始昌，始昌傳勝。"則是歐陽、夏侯二家，漢人所列於學官者，自是伏生親傳，非朝錯所受之本明矣。又伏生有孫，以治《尚書》徵。伏生有孫，則應有子，何至令女傳言？若其子幼不能傳書，則伏生已九十餘矣，安得有幼子乎？且其女能傳言，亦應通文字，何至朝錯不能得者且十二三，乃以意屬讀之邪？又余嘗身至潁川、濟南，其語音絶不相遠，雖古今或不同，大略亦可知，何至言語不相通耶？衛宏不足責，顔師古注《漢書》最詳謹，亦贅列此語，疑誤後人，可怪也。辨證精核，有功於《今文尚書》，當如三劉之例，附見《漢書》。胡渭生云："馮氏駁宏《序》爲妄，良是。竊謂宏《序》亦非盡鑿空者。伏生有孫，固應有子，不至使女傳言。然錯注受時，生年過九十，子先父卒，人事之常。藐爾孤孫，未承家學，己又耄矣，口不能宣。及門弟子業成辭歸，錯奉詔至，安可空還？不得已令女傳授，理或有之。計其女亦非少艾之年，教錯無嫌也。唯《大序》有失其本經之語，自非。生縱老，何至家無本經？縱令失去，當時弟子如張、歐陽，罔不涉《尚書》以教，何難往取其本，俾還報天子乎？或曰：'必若云，則生以簡策授錯可矣，何用其女爲？'曰：漢人讀書頗與今異。揚子雲言：'一鬨之市，必立之平；一卷之書，必立之師。'如《春秋》有鄒、夾二氏。夾氏口説流行，未著竹帛，故曰未有書。鄒氏著竹帛，師傳之人中絶，故曰無師。蓋經未有無師者，《書》簡策雖存，而其間句讀音義，亦須略爲指授，方可承學，故使其女傳言耳。若字本今文，錯所自識，豈因齊人語異而都不曉耶？是則妄不足辨者。"

不信《爾雅》，正以《書》難通也；不信，則《詩》俱不通矣。但以相傳嘗用之字，讀三代以前之書，不通則云有誤，惑也。自孔子删《詩》、《書》，弟子相傳。《書》所釋義訓，伏生必有所本，不足疑也。孔安國亦因伏生耳。

“劉向以中古文校歐陽、大小夏侯三家經文，《酒誥》脱簡一，《召誥》脱簡二。率簡二十五字者，脱亦二十五字；簡二十二字者，脱亦二十二字。”是伏生所藏之《書》，與孔壁之《書》，其竹簡字數相應也。古文非孔安國所造明矣。又諸書所引《尚書》，今文有者皆相同，古文有者或有異。蓋伏生相傳有所本，孔書出壁中，安國隸古，於時蝌蚪不行已久，未免有誤。若是僞造，直以古書所引竄入必無誤，若有所不知，則應都不同，亦不當小異。其文章與今文亦有難異之不同，恐安國當只取易通者傳之，其不可解者蓋闕之也，所以只得其半。若是僞造，不妨全作一本，不肯有闕也。宋人雖多疑，然亦未敢直言其僞，近代則放言無忌矣。若釋氏之言不妄，此輩應墮拔舌地獄。此段亦有功於《古文尚書》。二典、《皋陶謨》何嘗不疏通明易？周誥、殷盤之難，各一時也。以難易致疑於今文、古文之間，此與兒童之見無異。

姜堯章之論書，嚴滄浪之論詩，似高而實粗。白石於書全欠工夫。《定武蘭亭》全是歐法，姜白石都不解。

董宗伯云：“王右軍如龍，李北海如象。”不如云：“王右軍如鳳，李北海如俊鷹。”

宋儒多不解《詩》。朱紫陽，詩人也，然所得頗淺。比興乃《詩》中第一要事，二字本出《大序》，《大序》出於《毛詩》，齊、魯、韓皆無此序。朱子既不信序文，卻不應取此二字。比興本出《周禮》，毛公所謂“六義”，即太師教國子之“六詩”也，灼然可信，安得不獨取之？此不可以病朱氏。既用二字，又不應不用毛解。毛止有興也，本是“意興”之“興”，此語未詳所出。非“興起”之“興”。又比興是詩中作用，詩人不以比興分章，不以分章，方是三緯。《詩疏》云：“比顯而興隱，故特言興也。”又云：“興者，起也。取譬引類，起發己心。”是興起之説，亦經師相承，但謂興起作詩之志，非引起所咏之詞耳。[①] 朱子謬甚。如朱説，則興者乃是説了又説，重複可厭。又如此解興字，亦鄙而拙。晝公云：“取象曰比，取義曰興。義即象下之義。”此語直捷分曉。[②] 千古區分比、興二字，莫善於劉彦和《文心雕龍・比興》篇云：“比者附也，興者起也。附理者切類以指事，起情者依微以擬議。比則蓄憤以斥言，興則環譬以托諷。”較之康成，尤圓通不滯。定翁不是之采，而意斷以比興之説，吾所不取。

古人比興都用物，至漢猶然。後人比興都用事，至唐而盛。格詩止取五音相叶，律詩則必四聲相對。[③]

宋人不解小學，如關關、噰噰，和也。關關二字，只取其聲，不取其義。朱子云：“雌雄相應。”以“關”字立義，陋甚也。《後漢書・孝明紀》注載薛君《章句》云：“詩人言雎鳩貞潔慎匹，以聲相求。”《集傳》所云“相應”，其出於薛君所云“相求”乎？未必以“關”字立義。而《後漢書注》出唐初，亦非他僞書可比。朱子博極群籍，豈容觸處譏毁？又檢俗傳《王昌齡詩話》亦此解，此僞書也，出於朱子之後，檢《宋史・經籍志》無此書，[④]可知。文字鄙陋，非王作也。近代多僞書，初學誤信之。文字引用，爲識者所笑，如《天禄閣外史》、《湘煙録》、《於陵子》、晋之《乘》、楚之《檮杌》、《子貢詩説》、《石經大學》二書豐坊所作。[⑤] 之類，日增月益，不

---

① “是興起之説”至“詞耳”共二十六字，抄本作“出自唐人，必從前經師相承如此，未可詆爲新安之謬也。惟朱子解興字即本鄭《箋》，定翁豈未之讀耶?”“中圖”本作“出自唐人，必從前經師相承如此，未可詆爲新安之謬也。惟不以比興分章，則足以匡朱子之違”。

② “晝公”至“分曉”共二十三字，據借月本補。

③ “古人”至“相對”共三十八字，刻本無，抄本附於卷末，上圖本抄録於卷末，據借月本補於此處。

④ 《宋史》有《藝文志》，不作“經籍志”。

⑤ “二書豐坊所作”，據抄本補。

可枚舉。又有古書宋人以爲僞者，卻自可用，如《山海經》之屬。不必以宋儒之説爲疑也。

讀書當求古本，新本都不足據。又古書字多不同，不可以此證彼。

卷第五　嚴氏糾謬牧翁亦攻羽卿，然不能若此之細。①

嘉靖之末，王、李名盛，詳其詩法，盡本於嚴滄浪，至今未有知其謬者，今備論之如左。自宋末以來，大抵多爲所誤，《詩人玉屑》開卷即載其詩評，不待王、李也。攻之極當，錢牧翁作《唐詩英華序》，亦采其大略，然不若此核論，未足袪後學之惑也。

以禪喻詩，滄浪自謂親切透徹者，自余論之，但見其漫漶顛倒耳，具疏之如左。

滄浪曰："禪家者流，乘有大小，宗有南北，道有邪正，學者須從最上乘，具正法眼，悟第一義。若小乘禪，聲聞辟支果，皆非正也。論詩如論禪：漢、魏、晋與盛唐之詩，則第一義也。大曆已還之詩，則小乘禪也，已落第二義矣。晚唐之詩，則聲聞辟支果也。學漢、魏、盛唐之詩，臨濟下也。學大曆已還之詩，曹、洞下也。"

糾曰：乘有大小，是也。聲聞辟支，則是小乘。今云大曆已還是小乘，晚唐是聲聞辟支，則小乘之下，别有權乘。所未聞一也。初祖達摩自西域來震旦，傳至五祖忍禪師，下分二枝。南爲能禪師，是爲六祖，下分五宗。北爲秀禪師，其徒自立爲六祖，七祖普寂以後無聞焉。滄浪雖云宗有南北，詳其

① "牧翁"至"若此之細"共十三字，據抄本、"中圖"本補。

下文，都不指喻何事，卻云臨濟、曹、洞。按，臨濟元禪師、曹山寂禪師、洞山价禪師，三人並出南宗，豈滄浪誤以二宗爲南北乎？所未聞二也。臨濟、曹、洞，機用不同，俱是最上一乘。今滄浪云："大曆已還之詩，小乘禪也。"又云："學大曆已還之詩，曹、洞下也。"則以曹、洞爲小乘矣。所未聞三也。凡喻者，以彼喻此也，彼物先了然於胸中，然後此物可得而喻。滄浪之言禪，不惟未經參學南北宗派，大小三乘，此最是易知者，尚倒謬如此，引以爲喻，自謂親切，不已妄乎？至云"單刀直入"，云"頓門"，云"活句死句"之類，剽竊禪語，皆失其宗旨，可笑之極。劉後村有云："詩家以少陵爲祖，其説曰'語不驚人死不休'。禪家以達爲祖，其説曰'不立文字'。詩之不可爲禪，猶禪之不可爲詩。"此論足使羽卿輩結舌。

滄浪云："不落言筌，不涉理路。"按：此二言，似是而非，惑人爲最。夫迷悟相覺，則假言以爲筌；邪正相背，斯循理而得路。迷者既覺，則向來之言，還歸無言；邪者既返，則向來之路，未嘗涉路。是以經教紛紜，實無一法可説也。此在教家，已自如此，若教外别傳，則絶塵而奔，誠非凡情淺見所測，吾不敢言也。至於詩者，言也，言之不足，故長言之，長言之不足，故咏歌之，但其言微不與甞言同耳，安得有不落言筌者乎？《詩》者，諷刺之言也，《詩》有六藝，豈獨諷刺？定老既信《小序》，不應反不信《大序》。① 憑理而發，怨誹者不亂，好色者不淫，故曰："思無邪。"但其理玄，或在文外，與尋甞文筆言理者不同，安得不涉理路乎？滄浪論詩，止是浮光略影，如有所見，其實腳跟未曾點地，故云"盛唐之詩，如空中之色，水中之月，

① "詩有六藝"至"大序"共二十一字，據抄本補。

鏡中之象”種種比喻，殊不如劉夢得云“興在象外”一語妙絶。又《孟子》言：“説詩者不以文害辭，不以辭害志，以意逆志，是爲得之。”更自確然灼然也。嗚呼！可以言此者寡矣。滄浪只是興趣言詩，便知此公未得向上關捩子。

滄浪一生學問最得意處，是分諸體製。觀其《詩體》一篇，於諸家體製，渾然不知，今列之於後。

滄浪云：“以時而論，則有建安體”云云。按：此一段雖無大謬，然憒憒無所發明，多有疏贅。

“建安體”云：“漢末年號，魏曹子建父子及鄴中七子詩。”

按：一代文章，惟須舉其宗匠爲後人慕效者足矣，泛及則爲贅也。子建、公幹，文章之聖；仲宣、休璉，多有名作。仲宣《七哀》、《從軍》，休璉《百一》，皆後人之師也。閻丈百詩云：休璉是七子中人。休璉《百一》作於曹爽專政之時，乃是正始中，定老列之建安，亦微誤。若元瑜、孔璋，書記翩翩，不以詞賦爲稱。子建有“孔璋不閑詞賦”之言，建安詩體，似不在此人，不當兼言七子也。又五言雖始於漢武之代，盛於建安，故古來論者，止言建安風格。至黄初之年，諸子凋謝不存，止有子建兄弟，不必更贅言“又有黄初體”也。特主綺靡，尤多麗偶，士衡之出，體實少異於建安之質，宜分太康體。元風盡革，①山水入咏，宜分元嘉體。按：此嚴書已有，但不能舉其人覈其變。

永明體，齊梁體此尤憒憒，永明是齊武帝紀元也。② 永明之代，王元長、沈休文、謝朓三公，皆有盛名於一時，始創聲病之論，以爲前人未知。一時文體驟變，文字皆避八病。一簡之

① “元風盡革”應作“玄風盡革”，避清康熙帝諱“玄”字改作“元”。
② “此尤憒憒”至“紀元也”共十三字，據抄本補。

内，音韻不同；二韻之間，輕重悉異。其文二句一聯，四句一絶，聲韻相避，文字不可增減。文字不可增減者，似謂前人文字多未叶宫商，故須增減而後入樂，①今則輕重悉異，則無不叶，音韻不同，又無相犯，以被管弦，更不煩增減也。自永明至唐初，皆齊梁體也。至沈佺期、宋之問，變爲新體。聲律益嚴，謂之律詩。陳子昂學阮公爲古詩，後代文人，始爲古體詩。唐詩有古、律二體，始變齊梁之格矣。格謂格詩。② 今叙永明體，但云齊諸公之詩，不云自齊至唐初，不云沈、謝，知其胸中憒憒也。齊時如江文通詩不用聲病，梁武不知平上去入，其詩仍是太康、元嘉舊體，若直言齊梁諸公，則混然矣。齊代短祚，齊武帝以永明紀元，凡十一年。王元長、謝元暉皆殁於當代，不終天年。沈休文、何仲言、吴叔庠、劉孝綽皆一時名人，並入梁朝。故聲病之格，通言齊梁，若以詩體言，則直至唐初皆齊梁體也。白太傅尚有格詩，李義山、温飛卿皆有齊梁格詩，但律詩已盛，齊梁體遂微。後人不知，或以爲古詩。若明辨詩體，當云齊梁體創於沈、謝，南北相仍，以至唐景雲、龍紀，始變爲律體，如此方明。此非滄浪所知。滄浪又極詆張正見，今讀正見詩，殊多名句，不知何故好如此亂道。唐人中極稱馬戴，今讀戴詩，都無意味，其一二佳句，皆是拾人唾餘。③

元和體　東坡云："詩至杜子美一變。"按：大曆之時，李、杜詩格未行，至元和、長慶始變，此亦文字一大關也。然當時以和韻長篇爲元和體。若以時代言，則韓、孟、劉、柳、韋左司、李長吉、盧玉川，皆詩人之赫赫者也，云"元、白諸公"，亦

---

① "而後入樂"，上圖本作"而後後人入樂"。
② "格謂格詩"，據抄本補。
③ "滄浪"至"唾餘"共五十二字，據抄本、"中圖"本補。

偏枯。大略滄浪胸中不了了，每言諸公，不指名何人爲宗師，參學之功少也。白公《秦中吟》，貞元中作。昌黎貞元進士，則貞元已變矣。韋左司詩，齊梁舊體也，柳儀曹亦然。○韋左司尚在韓、孟、劉、柳之前。①

"以人而論"至"云云"。按：此一段，漏略疏淺之甚，摽星宿而遺羲、娥。知此人胸中不通一竅，不識一字，東牽西扯而已。

建安以後，詩莫美於阮公《咏懷》，陳子昂因之以創古體，何以不言阮嗣宗體？鍾記室《詩體品叙》中亦不列阮公，但滄浪在既定《文選》後，爲可怪耳。

潘、張、左、陸，文章之祖，前言太康體，似矣。以人言，則何以缺此四君？

文章之變。潘、張、左、陸以後，清言既盛於時，詩人所作，皆老莊之讚頌，自顔、謝、鮑，始革其製。元嘉之詩，千古文章，於此一大變，請具論之。漢人作賦，頗有模山範水之文，五言則未有，後代詩人言山水，始於謝康樂也。陸士衡對偶已繁。用事之密，始於顔延之。後代對偶之祖也。劉越石、郭景純不囿於俗者也，殷仲文、謝益壽始變其體，至元嘉而始大。○康樂亦多對偶，但隸事少耳。大抵元嘉已伏永明之漸。②《三百篇》言飲酒，雖云"不醉無歸"，然以成禮合歡而已。"彼醉不臧"，則有沈湎之刺。詩人言飲酒不以爲諱，陶公始之也。《國風》好色而不淫，近代朱子始以鄭、衛爲男女相悦之詞，古人不然。③《楚詞》美人以喻君子，五言既興，義同《詩》、《騷》，雖男女歡娱幽怨

① "韋左司"至"之前"共十一字，據抄本補。
② "康樂"至"永明之漸"共二十一字，據抄本、"中圖"本補。
③ "近代"至"不然"共十九字，爲《雜録》原注，非何焯評語。

之作，未極淫放，《玉臺新咏》所載可見。至於休、鮑，文體傾側，[①]宫體滔滔，作俑於此。永明、天監之際，宜云大同以後。○永明時宫體未行。[②] 鮑體獨行，延之、康樂微矣。梁武代齊，歲在壬午，以天監紀元者十八年，庚子改元普通，丁未又改元大通。三年辛亥，昭明太子薨，立簡文帝爲皇太子。時徐摛爲家令，屬文好爲新變，不拘舊體，春坊盡學之。宫體之號，自斯而始。則距天監已踰一終矣，不得謂天監已後獨行也，況永明哉！○宫體雖盛，然豈盡廢諸家？若論天監後之氣調，不惟非顔、謝，亦非休、鮑也。[③] 今謝康樂之後不言顔延之，則梁人□之，又不言沈、謝，則齊梁聲病之體，不知所始矣。不言鮑明遠，則宫體紅紫之文，不知所法矣。雖言徐、庾，是忘祖也。於時詩人灼然自名一體者，有吴叔庠，邊塞之文所祖也。又如柳吴興、劉孝綽、何仲言，皆唐人所法，柳文暢恐未能立家。何以都不及？子美頗學陰、何。又云："李侯有佳句，往往似陰鏗。"則子堅之體不可缺。言庚則子堅似可該。齊、梁已來，南北文章，頗爲不同。北多骨氣，而文不及南。鄴下才人，盧思道、薛道衡皆有盛譽。自隋煬有非傾側之論，徐、庾之文少變。於時文多正雅，薛道衡氣格清拔，與楊處道酬唱之作，李義山極道之。義山《謝河東公和詩啓》，特以越公比仲郢，而以道衡自擬，義取倡和，非舉爲宗師，何足據耶？唐初文字，兼學南北，以人言之，道衡亦不可缺。此條略本《北史·文苑傳叙》。然"多骨氣而文不及南"者，乃指温、邢未出以前，且通論有韻無韻者，安得巧附立説！鄴下才人，亦皆宗仰江左。故祖珽謂沈、任之是非，乃邢、魏之優劣。思道樂府諸篇，道衡《昔昔鹽》、《戲場》諸篇，孰非南朝體乎？魏

---

① "傾側"，抄本作"輕側"。
② "永明時宫體未行"，據抄本、"中圖"本補。
③ "宫體"至"休鮑也"共二十八字，據抄本、"中圖"本補。

鄭公《隋書·文學傳叙》云:"江左宫商發越,貴於清綺;河朔詞義貞剛,重乎氣質。氣質則理勝其詞,情綺則文過其意。理深者便於時用,文華者宜於咏歌。"則鄭公立論,雖頗裁大同之淫放,至連絶所長,未有不以南朝詞人爲尸盟耳。《北史·文苑傳》特著諸公者,蓋以北方風雅,實始盛於齊季鄴下,以爲自是乃可希風江左,非謂宫體革自盧、薛也。盧没於開皇之代久矣,唐初詩歌承隋之後,輕側淫麗,於是稍止。然率宗師徐、庾,上泝沈、謝,無聞别有北宗。若道衡特標一體,反屬杜撰矣。○庾信、王褒,羈留不返,即處道之徒,亦聞風而興起者,但小變而差質耳。周人惟李昶能詩,其集不傳。《重陽閣》一篇,孝穆稱之,亦南朝體也。① ○須知隋自大業以後,宫體稍微,而爲文仍是永明之體,至陳子昂乃變。道衡之作,安得更標目爲一體也?○陰、庾維本沈、謝而加爲工整,沈、謝不得而掩之。②

宋人頗學唐人,滄浪叙唐人差整,彼有所受之也。然沈、宋之前,不云李嶠、蘇味道;此尤非今人所曉。③ 王右丞以後,不言錢、郎、劉隨州;李商隱之下,不言温飛卿;元、白之下,不言劉夢得。皆缺也。

"又有所謂選體"云云。此一段叙論,駁雜訛亂,不可盡正。

云"玉臺體",滄浪注云:"《玉臺》,徐陵所集,漢、魏、六朝之詩皆有之。或者但謂纖豔者爲玉臺體,其實不然。"案:梁簡文在東宫,命徐孝穆撰《玉臺集》,其序云:"撰録豔歌,凡爲十卷。"則專取豔詩明矣。又其文止於梁朝,無陳、隋,則止四朝耳。今云六朝皆有,謬矣。觀此則於此書殆是未讀也。

云"西崑體",注云:"即李義山體,然兼温飛卿及楊、劉諸

① "庾信"至"南朝體也"共五十二字,據抄本、"中圖"本補。
② "須知"至"掩之"共五十八字,據抄本補。
③ "此尤非今人所曉",據抄本、"中圖"本補。

公而名之。”按:《西崑酬唱集》,是楊、劉、錢三君倡和之作,和之者數人,其體法温、李,一時慕效,號爲西崑體,其不在此集者尚多。屬和者又十五人,李宗諤、陳越、李維、劉隲、丁謂、刁衎、任隨、張咏、錢維濟、舒雅、晁迥、崔遵度、薛映、劉秉,其一人則傳寫逸其名氏也。至歐公始變,歐公亦極稱其句法爲工。① 江西已絶後矣。及元人爲綺麗之文,亦皆附崑體。李義山在唐與温飛卿、段少卿號“三十六體”,三人皆行第十六也。於時無西崑之名。按:此則滄浪未見《西崑集序》也。其誤始於《冷齋夜話》。金源時此書流於北方,如李屏山《西巖集序》、元遺山《論詩絶句》率指義山爲崑體。玉溪不掛朝籍,飛卿淪於一尉,安得厠迹册府耶?《楊文公序》云:“取玉山册府之名,命之曰《西崑酬唱集》。”〇李屏山《西巖集序》亦云玩唐人倣李義山號西崑體。② 〇遺山云:“詩家總愛西崑好,獨恨無人作鄭箋。”蓋自靖康喪亂之後,不學者流傳失真。③

云“有一句之歌”,注云:“《漢書》:‘枹鼓不鳴董少年。’又漢一童謡:‘千乘萬騎上北邙。’”按《漢書》,“董少平”不作“少年”,“鳴”、“平”是韻,二句之歌也。又云:“侯非侯,王非王,千乘萬騎上北邙。”是三句不是一句。滄浪讀誤本《漢書》,又健忘,所言童謡,失卻二句,可笑。

云“有《琴操》”,注云:“古有《水仙操》,辛德源作。《别鶴操》,高陵牧子作。”按:《琴操》豈止二篇,《水仙操》亦不始辛德源。觀此則滄浪不知琴操也。《琴操》,今此書雖亡,然《樂府詩集》所載可見。

云“有八病”,注云:“作詩正不必拘此,敝法異哉。④ 不足

① “歐公亦極稱其句法爲工”,據抄本、“中圖”本補。
② “李屏山”至“西崑體”共二十字,據抄本、“中圖”本補。
③ “遺山”至“失真”共三十二字,據抄本補。
④ “異哉”,據抄本、“中圖”本補。

據也。”按：八病出於沈隱侯，古人亦有非之者，然齊梁體正以聲病爲體，律詩則益嚴矣。滄浪既云有近體，有律詩，又云“不必拘”，不知律詩“律”字如何解。蓋聲病之學，至宋而訛，當因五季兵亂而訛。① 故阮逸注《文中子》云：“八病未詳也。”阮逸嘗與范、馬議樂，而八病猶未詳也，可笑。② 如今《金鍼詩格》，及周密所言，皆以意妄測，誤也。已經考證，此不具，今人則但以對偶爲律矣。今人作詩，至不識雙聲何事。

云“有古詩全不押韻者，古《采蓮曲》是也”。按：云：“江南可采蓮，蓮葉何田田。魚戲蓮葉間。”“田”、“蓮”是韻，“間”字古韻通，何言全無韻也？

云“有後章字接前章者”，注云：“曹子建《贈白馬王彪詩》。”按：《三百篇》已有此體。

云“有絶句折腰者，有八句折腰者”。按：律詩有粘，不知所起。《河岳英靈集序》云“雖不粘綴”，是也。又韓致光有聯綴體，沈存中《夢溪筆談》有偏格、正格之論，是其説也。今云折腰而不言何謂折腰，亦漏略也。折腰者，如絶句平仄平仄，或仄平仄平，不用粘者是也。《中興間氣集》中特標崔峒一絶，注云折腰體，似指第四句第三字，非不用黏之謂。○劉、柳律詩，頗多不用黏者。③

《詩法》

云“用事不必拘來歷”。按：此語全不可解，安有用事而無來歷者。苟用事不必有來歷，押韻不必有出處，而詩復佳者，必也

① “當因五季兵亂而訛”，據抄本、“中圖”本補。
② “阮逸”至“可笑”共十七字，據抄本、“中圖”本補。
③ “劉柳律詩頗多不用黏者”，據抄本、“中圖”本補。

聖乎！①

云“參活句，勿參死句”。按：禪家言死句、活句，與詩法全不相涉也。禪家當機煞活，有時提倡，有時破除，有時如擊石火閃電光，有時拖泥帶水，若刻舟求劍，死在句下，不得轉身之路，便是死句。詩人所謂死、活句全不同，不可相喻。詩有活句，隱秀之詞也。直叙事理，或有詞無意，死句也。隱者興在象外，言盡而意不盡者也。秀者章中迫出之詞，意象生動者也。禪須參悟，若“高臺多悲風”、“出入君懷袖”，參之亦何益？凡滄浪引禪家語多如此，此公不知參禪也。

云“詩之是非不必爭，試以己詩置之古人集中，識者觀之不能辨，則真古人矣”。滄浪之論，惟此一節最爲誤人。滄浪云：“於古今體製，若辨蒼素。”又云：“作詩正須辨盡諸家體製。”滄浪言古人不同，非止一處。由此論之，古之詩人，既以不同可辨者爲詩。今人作詩，乃欲爲其不可辨者，此矛盾之説也。

云“《古詩十九首·行行重行行》，《玉臺》作兩首，自‘越鳥巢南枝’以下别爲一首，當以《選》爲正”。按：《玉臺集》北宋本正作一首，永嘉陳玉甫本誤耳。今趙氏所刊爲陳本，然仍通爲一首也。

云“‘仙人騎白鹿’之篇，予疑‘苕苕山上亭’已下，其義不同，當又别是一首，郭茂倩不能辨也”。按：此本二詩，樂工合之也。《樂府》或一篇詩止截半首，或合二篇爲一，或一篇之中增損其字句。蓋當時歌謡，出於一時之作，樂工取以爲曲，增損以協律。故陳王、陸機之詩，時謂之乖調，未命樂工也，

---

① “苟用事”至“聖乎”共二十四字，據抄本、“中圖”本補。

具在諸史樂志。滄浪全不省，乃云郭茂倩不辨耶。

云“《楚詞》惟屈、宋諸篇當讀之，外惟賈誼《懷長沙》、淮南王《招隱操》”。又云“《九章》不如《九歌》。《九歌·哀郢》尤妙”。按：《九章》有《懷沙》，賈太傅無《懷沙》也。《招隱士》亦非操。《哀郢》是《九章》。《九歌》是祀神之詞，何得有《哀郢》？滄浪云須熟《楚詞》，今觀此言，《楚詞》殊未熟，亦恐是未曾看。彼聞賈生爲長沙王傅，自傷而死，遂以爲有《懷長沙》，不知《懷沙》非長沙也。彼知屈子不得志於懷、襄而死，意《哀郢》必妙，不知《九歌》無《哀郢》也。望影亂言，世人爲所欺，何哉！

作詩用字不可單，單則無味；此只論近體。用意不可雜，雜則爾我都晦。古詩皆然。①

① “作詩”至“皆然”共三十一字，據抄本、上圖本補。借月本爲雙行小字，未區分正文與評語。

卷第六　日記

《史》、《漢》當時皆是分書，多假借字，與漢碑上字正同，不可改也，今刻板多失體。《宋書》有梁時字，亦與今人不同。後人好改古書，只是學淺。

王右軍正書多古字。《東方朔畫讚》"序"字作"亭"，《樂毅論》"殺"字、"暴"字，《黄庭經》"耶"字，《遺教經》"鼻"字，今皆不行，晋時書體如此。六朝、唐碑存者，多與今人書不同，今人所用，只是宋、元體。《曹娥碑》猶古，陝西傳摹，盡去之矣。《畫讚》"弛張而不爲耶"，亦不作"耶"。

古人作小正書，與碑板誥命書不同；今人用碑板上大字作小書，不得體也。祝希哲常痛言之。只《麻姑仙壇記》是以大書作小書。①

或云："右軍行書《聖教序》是集成，若尋常作書，須大小相參。"此説亦有理。然右軍《官奴帖》，《官奴帖》本祈哀米道，幾於章表之流，匀整蓋有由也。小字，亦無大小相參者。唐、宋人碑上行書，亦自匀整。亦是碑板故耳，若尺牘豈可過求匀整？

《薦季直表》不必是真迹，亦恐是唐人臨本。使轉縱横熟

---

① 本條評語，抄本、"中圖"本作"顔魯公《麻姑仙壇記》是以大字作小書，卻亦豪邁可愛"。

視，殆不似正書。徐季海似學此也。此帖李貞伯一見定爲真，匏翁繼之，祝京兆都太僕即有疑詞矣。僞作者徒見智果所寫書評有鐘司徒字，豈知元常終身未歷耶？但其書體，非北宋以前不辨有此。○《季直表》，余以後"黄初三年司徒東武亭侯"十字質之《魏志》，定爲僞作，不但非臨本也。鍾迹當世已絶，唯右軍所臨《宣示帖》，可以考信無疑耳。○《丙舍帖》，余在陸其清家見一宋拓本，字樣與近來諸家法帖中稍異，真三國時去分書未遠結體也。石已略蒙。未考究是何人摹刻，此必待好古多識者而後定也。《鼎帖》，耳下有《千文》"雲"字分書石號，細尋亦與越州石字本有短長，石氏似優也。

背私爲公，自環爲私，止戈爲武，會意字也，古説不可改。或云"武"字從亡聲，此宋人語。尤不通。

印章上字或可用隸書，又以八分爲隸書，定翁不曾見趙明誠《金石録跋》。① 不純用小篆也，世人多以爲訛字。可用隸書，如"梅"字不復作某之類是也。然余曾於曹侍郎秋岳家見一宋人所集鐘鼎款識，其中榻一晋時尺上有"劉歆"二字，正作"鎦"，古人篤守《説文》如此。

李陽冰篆不依《説文》。

周伯琦、鄭漁仲、趙撝謙三人皆不解篆，鄭尤妄。

唐人《説文》與今宋《説文》不同。按：《朱子語類》云："唯翻音是徐氏所增。"然定老必詳其異同，想不止始乙終亥。○詳見徐鼎臣《進説文表》，中舊所不載，而附益多矣。○林罕《小説序》載《墨池編》中，亦當參考。

漢分書不純方，唐分書不純匾，王司寇誤論，只看《孝經》，明皇。與《勸進碑》耳。梁鵠。

蝌蚪大篆今絶矣。古鐘鼎上字雜用不得。梁千秋刻印

① "又以"至"金石録跋"共十九字，據抄本補。

章，名重一時，用字憒憒。古篆雜不得隸書，此如章草中雜不得行草。宋仲温極有筆力，坐此往往驢非驢，馬非馬也。今人不知也。秦人隸書，今不知者亦以爲篆。

邯鄲淳書唐人已無，今卻有二印同鈕，小篆工絶，非漢人不能作也。

八分書只有漢碑可學，更無古人真迹。近日學分書者，乃云碑刻不足據，不知學何物。擇其中字迹之完好者，學其用筆。《曹全碑》萬曆間始出，不減宋人之有《何公閣道》、《淳于長夏承》二碑也。①

余教童子作書，每日只學十字。點畫體勢，須使毫髮畢肖，百日已後，便解自作書矣。

虞世南《廟堂碑》全是王法，最可師。此江左相傳嫡嗣，額有"大周"字，大中間，祭酒馮審白去之。○《孔穎達碑》，不詳書者爲誰，然與虞爲近。觀其用筆，乃知歐、虞體有方圓，鋒刃則一。王履吉但學翻本《廟堂碑》，頗失之鈍，參證少也。能得趙子昂以上真迹乃佳。後人日趨尖巧，無淳古之意，如祝京兆之類。又血脈往往不貫，或故爲奇詭，流宕無法，書之魔也。褚公《孟法師碑》亦步趨虞書，惜所見止翻本。元人便云此碑有額者難得，翻刻再三，恐用筆已多不可考求耳。

漢人分書多剥蝕，唐人多完好。今之昧於分書者，多學碑上字作剥蝕狀，可笑也。近日白下鄭簠分書然，如人體患惡瘡，甚可憎疾，作俑者元人也。②

顧云美云："唐人分書極學漢人。"此論最佳，可破惑者。不學漢人，唐人何所從出？或者自不辨體源耳。唐人如韓擇木之《桐柏觀碑》、蔡有鄰之《元氏令龐君碑》，雖蔡中郎何以過也。

---

① 本條評語，抄本、"中圖"本作"擇其中字迹之完好者，學其用筆。結字則參取唐碑"。

② 本條評語，抄本作"近日白下鄭簠分書正如此，真妖物也"。

貧人不能學書,家無古迹也。然真迹只須數行,便可悟用筆。間架規模,只看石刻亦可。趙子昂猶有純古處,文過於巧也。○能得趙子昂以上真迹致佳。貧士無力,即文待詔真迹,亦可略窺古人遺法。①

學草書須逐字寫過,令使轉虚實,一一盡理,至興到之時,筆勢自生,大小相參,上下左右,起止映帶,雖狂如旭、素,咸臻神妙矣。古人醉時作狂草,細看無一失筆,平日工夫細也。此是要訣。

顔書勝柳書,柳書法卻甚備,便初學。見《大觀帖》内榻"賜余深日"章者,乃知柳用筆全得晋人秀拔處。微嫌專尚精巧,不復參以渾朴,所以不如信本。②

姜白石論書,略有梗概耳,其所得絶粗,趙松雪重之,爲不可解。如錐畫沙,如印印泥,如古釵脚,如拆壁痕,古人用筆妙處,白石皆言不必然。又云"側筆出鋒",此大謬。出鋒者末鋭不收,褚云"透過紙背"者也。側則露鋒在一面矣。《續書譜》謂唐以書判取士,真書類有科舉習氣,以平正爲善,蓋但見開、寶以後碑碣大字耳。至謂顔魯公作《干禄字書》是其證,尤憒憒。此書自論小學也。

古人作横劃,如千里陣雲。黄山谷筆從畫中起,迴筆至左,頓腕實畫,至右住處,卻又趯轉,正如陣雲之遇風,往而卻回也。運腕太疾,起處有頓筆之迹。今人於起處作點,殊失勢也。以山谷證者,大字易曉耳。山谷亦出於褚公,參以薛曜《石淙碑》,寫出筋骨與人看。

---

① "趙子昂"至"遺法"共四十二字,據抄本、"中圖"本補。

② 本條評語,抄本、"中圖"本作"看寶晋齋所刻右軍小字,乃知柳之點畫波磔全是王法。須將柳書逐字雙鉤,其法乃見"。

張長史云："小字展令大，盡筆勢爲之也；大字蹙令小，遏鋒藏勢，使間架有餘也。"今廣平府有顔魯公"儀門"字，"門"字小，"儀"字大，卻相稱，殊不見有異，奇迹也。長史此論，爲海岳所詆，蓋誤會欲令字形大小均齊如一也。故特爲發明本趣，又舉顔公妙迹，證其不然。此條最爲牓書秘要也。聞之前輩，凡牓書豎者，必上一字大，下一字小，自下望之乃相稱。康熙乙酉，始得見二字拓本，乃宋人書，未敢必爲魯公也，以法自當然。

東坡談書皆篤論，過於黄、米。米老喜作快口語，不知執之，多爲所誤。山谷止自言其所得耳。

左去吻，右去肩，歐陽蘭臺歐陽通也。① 不用此法。不去吻與肩，正爲欲取中鋒耳。見信本《房彦謙碑》分書，乃知《道因碑》全是家法。

畫有南北，書亦有南北。黄長睿所論佳。兼南北而佳者，褚登善。如蘭臺《道因》，便有習氣。②

晋人書盡理，唐人盡法。宋人多用新意，自以爲過唐人，實不及也。晋人去古未遠，參取大小篆、分書，擇其與行間宜適者用之，字字有本，而變换不窮，故曰盡理。

婁子柔先生云："米元章好割截古迹，有書賈俗氣。"名言也。

坡書有病筆，唐人無此。

作書忌俗字，人皆知之，不知亦忌古字。此爲王覺斯發藥。正書與小篆不同，猶小篆與大篆不同也，略言一二可知矣。如"維"字，《石鼓文》作"隹"，大篆也；《嶧山碑》作"維"，小篆也。今作小篆，自然不用"隹"字。如"華"字，本"花葉"字，今

① "歐陽通也"，據抄本、"中圖"本補。
② 本條評語，抄本、"中圖"本作"歐陽通作字帶北氣"。

爲律詩，乃有重押二韻處，豈可用“華”字耶？自應作“花”也。

經史古書多有古字，自應按本寫之。若自作書，正用《干禄字書》爲得。此書不可全據，顧寧人所開，不如吴中徐子能手書重開本，皆仿南宋槧本也。

今人訛字有不可行者，切忌之。如“然”字本“火然泉達”之“然”也，借作“然諾”字，取聲不取義也，今去火作“肰”，是何説？“肰”自是犬肉字，無然諾義也。“貫穿”本“穿”字，讀作去聲。“串”本是“貫”字，《詩》云“串夷”是也，今俗誤讀作“穿”。“鳥”，正書皆作四點，從大篆也；今人作二點，從小篆，古人殊不然。惟王右軍《遺教經》有一字作“鳥”，與“鳥雁”字相亂，近翻《遺教經》作“鳥”。又難用也。字有篆書有而隸書無者，隸有而篆無者，小篆有而大篆無者。周伯琦作《六書正譌》，大憒憒。亦知《正譌》亦間有佳處，酌取之。①

唐人碑板刻手亦有工拙，然勝於宋人。元以後無刻手，趙吴興書皆刻壞，不見真迹不知。

“佳”，“佳麗”字也；“隹”，鳥短尾也。近時人作“佳麗”字盡誤。

不習二王，下筆便錯。此名言也。

《漢書·東方朔傳》來來先生，分書“棗”字作重“來”，今人改作“束”字，誤也。見沈括《筆談》。“分書‘棗’字作重‘來’”，未審何據，查《漢隸字源》中無此字。② 存中以“棗”字從朿，音刺，不從來。此或是後人所傳，非當時語。蓋疑《漢書》有誤，定老引之，則以證今人改“來來”爲“束束”之非，與沈本意乖。

---

① 本條評語，抄本、“中圖”本作“《六書正譌》亦有佳處，未可盡廢，但當斟酌取之。佳處不過十之二三”。

② “此”，據“中圖”本補。

俗人讀書不多,好以意改古書。如邑人五川楊儀,號爲多讀書名士也,得其萬卷樓所藏書,雌黄處皆不足據,他人可知矣。

顔魯公書磊落嵬峩,自是臺閣中物。米元章不喜顔正書,至今人直以爲怪矣。魯公正書,如《像贊》、《家廟》皆翻本,《八關齋會》僅存中間一面可觀,且摩拓既多,風神轉非。唯《金天王廟題名》差存筆意耳。○補之云:"顔書勝柳書,然柳書易入,其用筆皆顯露故也。"又論結字云:"顔如殿,柳如塔。"①

吾衍子行作《學古編》,多誤人語。此公無學,淺而自信太甚,輕於持論,其書不足據也。

"子"字分書横畫不飛。倚人直筆不向左挑起。"人"字加三撇是古"升"字。

《漢隸分韻》,以漢人石刻較之多不合,不足據也。不如《漢隸字源》。《字源》猶士大夫撰集,《分韻》乃出書坊所編,故多妄。其書無序,文即借用洪丞相《隸釋序》爲冠。後考《分韻》亦昔人書。正德中,田汝耔刻之江西。嘉靖初,李石疊再刻之上谷,上谷本又不及遠甚。○《學古編》載:"劉球《隸韻》,當非也。"即此書。

延陵《十字碑》,李陽冰所祖,不必仲尼,要非後人所能作。今日恐亦輾轉失真。②

吾子行不解大篆。

《張遷碑》"昜"作"易",誤也。古碑如此亦不可用,亦不可不知。今刻本與李監篆體殊異。

黄長睿疑智果書不真,此不習南朝書法也。余於閣帖中,

---

① "補之"至"柳如塔"共二十九字,據抄本、"中圖"本補。

② "今日恐亦輾轉失真",據抄本補。

亦從黄説去之矣。①

歐陽公不信《遺教經》，東坡殊不以爲然。東坡亦以爲非右軍書，但云："筆畫精穩，自可師法。"此帖自屬後人聚斂王氏書爲之，結字與《樂毅》、《黄庭》同者多矣，右軍隨手生變也。此帖近日摹本頗多别字，古人小學，夫豈其然？至"著鎧入陣"，訛爲"入障"，又顯誤也。

宋人蔡君謨書最佳，今人不重，只緣不學古耳。君謨大都謹守元常、右軍、清臣門法。〇虞伯生述君謨語云："子敬放肆豪邁，與右軍差異，臨學之家，必謹其辨矣。"此君謨之書所以淳意未散，非坡公之跌宕所及也。

平生喜教人刻印章。用漢法者，施於名字。藏書印用元人。齋堂樓閣，唐人有法。詩句作印，起於近代，用文三橋法。一兩字大印，蘇爾宣所作，多用古人碑額上字爲得體，亦一長也，所分善矣，然其訣在各因字體。不可以其人而忽之。字多者板拙不堪觀。宋人間用古篆作印，元人尤多變態，其式有用古鍾鼎、琴樣、花葉之類，今人皆不行。瓢印頗有用者，亦隨時可耳。陶九成《輟耕録》第三十卷所論印章制度，皆吾子行語，亦甚可法。宋人印章亦有竟不施四匡者，見"日章"二字朱文印，"章"字横畫可以著邊，"日"字不可，遂兩字一行直下，不用匡廓。乃大觀中余深字也，附識之。"日"字小，"章"字大。唐人名印有學漢法者，皆圓潤工緻；宋人多勁古；元人或失之野。今皆以爲漢印，失之矣。余所見如此，更與博雅者商之。余初不愛元人朱文印，後見古錢"貨布"二字，其工妙正類，乃尋玩其佳，且嘆近日篆書，李長沙而外，鮮合作也。

今人不解宋、元學古印，皆以爲漢印，顧氏《印藪》中往往有之。王常宗有一文，讀之則稍知源流矣。漢印傳於今者絶少也，《武

① "余於"至"去之矣"共十二字，據抄本補。

紀》中張宴注，其言決不妄。

書法無他秘，只有用筆與結字耳。用筆近日尚有傳，結字古法盡矣。變古法須有勝古人處，都不知古人，卻言不取古法，直是不成書耳。與余論同。董思翁結字局促冗犯，無一可觀，所謂都不知古人者也。□思翁硬執"密不容針，寬通車馬"二語，不復理會九宫八面，任意自我，古法幾盡矣。○補之死用筆，失其傳矣，何況結字。①

《千字文》自是梁人文字，法帖中有漢章帝書，誤也。歐公名重千古而不知此，何耶？此黄長睿語。②

米元章論古人真僞好惡，自是一家議論。抑揚過當，殊不足據。初學切忌讀此等書。

余見歐陽信本行書真迹及《皇甫君碑》，今《皇甫君碑》已是宋人翻刻。③始悟《定武蘭亭》全是歐法，姜白石不知也。如"信可樂也"，"樂"字不除肩之類。翁此論亦從《筆陣圖》悟來，又證之以真迹及《皇甫碑》耳。歐、虞書體全從右軍出，虞温潤而栗，歐廉而不劌，宜與《蘭亭》不遠。若定武本乃湯普徹所模，④謂是信本，則誤。《九成宫》、《皇甫君碑》本雄厚，今所存者僅碑心也。虞伯生謂宋末多尚歐陽率更書，纖弱僅如編葦，豈當時佳本已難得耶？○後見王止仲《半軒集》云："宋既南，《醴泉銘》愈難致，榷場所構，皆屢模屢刻，去真益遠。嘉定、慶元間，學者甚多，而患善本不可得。及宋亡混一，善本可致，而學者則少矣。豈以艱得乃貴之哉！幼時嘗聞父老言此而興慨。"余乃知當時蓋爲翻本所誤。而今人鑑法書者專以紙墨爲憑，恐亦將執此以至誤人自誤也。○甲子在都下，有持南唐《昇元帖》求售者，其中《定武蘭亭》絶佳，皆

---

① "補之"至"結字"共十三字，據抄本、"中圖"本補。
② "此黄長睿語"，據抄本補。
③ "今"至"翻刻"共十一字，據抄本、"中圖"本補。
④ "模"，原作"摸"，據抄本、"中圖"本改。

歐法也。○吾謂顔之《多寶塔碑》其用筆全是《定武蘭亭》法。○歐、虞書體全從右軍出。若《定武蘭亭》,則湯普徹所模耳。①

毛斧季以東坡、子昂二真迹見示。坡書點畫學顔魯公,體勢學李北海。右軍骨法唯李北海公筆最爲逼真,故坡公晚年尤宗仰之。風捲雲舒,逼之若將飛動。東坡書"朝披夢澤雲"二詩,舊藏斧季家。此卻是本色,妍媚百出,不學徐、李。趙殊精工,直逼右軍,然氣骨自不及宋人,不堪並觀也。坡書真有怒猊抉石、渴驥奔泉之態,徐季海世有真迹,不知視此何如耳。余見張從申《元靖》、《法師碑》,乃知季海師友淵源所自。張書尤謹嚴,宜乎有盛譽也。

坡公少年書《維摩經》小楷,②直逼季海。見老泉一書,亦學徐浩。季海書余僅見《不空三藏碑》,其源自褚公來,雖稍變而豐腴,其清勁自在也。米元章詆之,但皮相而不察其筋骨耳。坡書不甚似徐。

作書須自家主張,然不是不學古人。須看真迹,然不是不學碑刻。

山谷稱東坡學徐季海,蘇斜川卻云不然,我信山谷。坡、谷皆祖十三行,坡佐以王僧虔,③谷佐以《瘞鶴銘》。東坡有一帖云:"昨見歐陽叔弼云:④'子書大似李北海。'予亦自覺其如此。或以爲徐書者非也。"斜川蓋非自爲此語,但坡書由徐與顔入,不可誣耳。

唐人用法謹嚴,晋人用法瀟灑,然未有無法者。唐碑集王書者,《聖教序》太圓媚,不如興福寺僧大雅所集《吴亢碑》。○《聖教序》中用筆亦有渾古如篆如分者,今人罕得唐、⑤宋拓本,都不知講求。意

---

① "甲子"至"所模耳"共六十六字,據抄本、"中圖"本補。
② "維摩經",借月本作"圓覺經"。
③ "王",原作"不",據抄本改。
④ "叔",原作"士",據抄本、"中圖"本改。
⑤ "今",原作"不",據抄本改。

即是法。謹嚴而安和，即是瀟灑。宋人直疏放失檢局耳，但避就間猶自巧於爭新。書當由唐入晋，若學宋人，更變不去，①元人彌爲弱矣。柳誠懸書尚恨發露太盡，粧點太故，無可、夢英只如此。

本領者將軍也，心意者副將也，本領極要緊，心意附本領而生。

邑人嚴道普名澤，家藏有右軍《二謝帖》。《二謝帖》即李詡《戒庵漫筆》第五卷中所載，文衡山謂每字當得黄金乙兩者也。凡七十二字。《二謝帖》近得石本觀之，其中如"冥"字，顯然是米老僞作，但不知真迹如何耳。要之，米書七十二字，亦每字可得白金三兩也。有王能民者，妄人也，曰："誰見右軍執筆作此字？"余曰："能作此字，即右軍矣，使右軍不能作此字，我亦不重右軍。"有向余詆《古文尚書》者，余亦應之如此。

古人文字少，多假借，文義兩通處則有疑，後人多作別字以别之。至有本字爲借義所專，本字卻用别體者。

"听"字俗以爲"聽"，"体"字俗以爲"體"，"串"字俗以爲"穿去聲"，②此不可用。

"祝"字有去聲，後人别作"呪詛"字，錢牧齋不知。見《與族弟君鴻書》。"訊"、"誶"是一字，王弇州不知。作文字不可不講字學。老杜《寄河南韋尹》，落句"誰話冐雞翁"，牧翁亦不知與"祝"字是一字。小學之壞，由明代《經典釋文》無刊本也。

秦權上字，秦之隸書，乃篆之捷也，與今正書不同，然非分書也。蓋隸書本如此，後漸變爲今正書耳。歐公以此似今八分，遂呼漢人分書爲隸，既知其不同，且疑薛尚功摹之失體，誤也。今人作正書是鍾、王法，然鍾、王古字亦多與今不

---

① "去"，原作"云"，據抄本改。

② "去聲"二字爲《雜録》原注，非何焯評語。

同。世傳六朝唐初碑上字分、隸相雜，疑當時正書如此。至唐中葉已後，始變如今法，後人純學鍾、王也。王僧虔《答竟陵王子良書》，言亡曾祖領軍洽與右軍書云，俱變古形，不爾，至今猶法鍾、張。蓋草隸至王氏大變。

讀宋人書，其稱述前人者，當審思之。至於譏刺古人，往往不近理，不可苟信。或疑此説，應之曰："歐公不信《易·繫辭》，王臨川不信《春秋》，此亦可信邪？"大略讀書不應先看宋人議論。

韓吏部變今文爲古文，歐陽公變古文爲今文。實有斯病，但歐、蘇亦自有佳處。

史遷極重仲尼，史談乃重老子，父子異論。朱韋齋好賈誼、陸贄之學，而朱子極詆蘇氏，則謂其"早竊蘇、張之緒餘，晚醉老、佛之糟粕"。亦父子異論也。①

宋人云："太史公敢亂道，卻好；班孟堅不敢亂道，卻不好。"遷史只是《游俠》、《貨殖》二篇爲孟堅所譏耳，謂之亂道可乎？不知孟堅如何云不好。如唐子西真亂道也。

先君云："讀書須從上讀下。先看後人書，於古人好處便不相入。"余初好觀南宋議論，讀韓、柳文，間有疑其卑淺處，近日始覺爲誤。② 甚矣，斯言之可味也！

虞舜完廩浚井，二妃教以龍工鳥工，見於書傳者非一處，宋儒以爲無此事。今《列女傳》刻本已刊去之，宋儒所芟也。此猶可説也。曾子固《列女傳目録序》，謂向之書亡已久矣，則刻本之有異同，即宋儒恐已不能免，非宋儒芟之也。至吴夫差亡國之君，奢侈之迹，遍於吴中，《史記》載其無道，此何足疑？今《孟子注

① "朱韋齋"至"異論也"共四十字，據抄本補。
② "誤"，原作"謌"，據"中圖"本改。

疏》引《史記》:"勾踐進西施,夫差幸之,市人欲見者,投金錢一文。"今《史》無此文,蓋亦宋儒所去也。宋人不通理,大略如此。古書所存無幾,如《史記》者,後人豈知其不全乎?《孟子疏》乃南宋一邵武士人僞作,非北宋初年孫宣公爲之,恐不足據。或所引者他書,誤以爲《史記》,亦未可知也。

有古詩不妨有律詩,有古文不妨有四六。歐陽公作《尹師魯墓咏》,不言楊、劉之失,達識也。四六佳處,後人亦安能到?若宋人四六,自嘉祐以後,愈變而下,即楊、劉已非唐人匹也。①

文章無定例,只在合宜。王荆公論仲尼不應作世家,只是不知變例。以死板法爲例,文章便無意。只是不曾學《春秋》。論來孔子只合作列傳,②想太史公自據素王素臣之説。〇三晋、田常至戰國始列於諸侯,孔子則變例也。往日所見,謂孔子祖述堯、舜,憲章文、武,而終於素王。三晋、田常,以盜簒傳世,此生民之不幸,而戰爭至秦、楚之際也。意太史公序論之旨若此,不免鑿矣。

今人讀《史記》,只是讀"太史公文集"耳,不曾讀史。重出。③〇亦只謂是《太史公文集》耳,此老見識□□□淺,正不必爲諱。〇《史記》不可與六經並論矣,所謂意思深長。④

沈存中《筆談》,論律詩偏正格甚詳,但不知所本,蓋相傳如此。唐人絶句不粘者爲"折腰體",《河岳英靈集序》中有"粘綴"字,韓偓《香奩》云"聯綴體",蓋唐人之法,疑始沈、宋也。

朱子言《禮》稱鄭康成,後儒不從也,卻用陳澔注《禮記》。

① "四六"至"匹也"共三十三字,抄本、"中圖"本何焯評語作"四六佳處,後人如何能到?若宋人四六、自嘉祐以後,愈變愈下,固吾所深惡也"。

② "想"上,抄本、"中圖"本有"荆公説儘是"五字。

③ "重出",據"中圖"本補。

④ "亦只"至"深長"共三十九字,據抄本補。

程子極信《詩·小序》,後儒不從也,從朱子。二程、朱子格言微論可敬者多矣,後人所引用,都是他不穩當處,好處都没,卻可慨。儒家語録,多有意是而文不妥者,只爲他不做文字,讀者不知,往往信差了誤人。《小序》亦有難信處,如《卷耳》便不可通。但如朱《傳》尤不穩。此等處當闕疑。○《卷耳》、《鄉飲酒禮》歌之以興起賢能,則《小序》未可非也。但或有以辭害義處耳。

《史記》叙事,如水之傳器,方圓深淺,皆自然相應。宋人論文,有照映波瀾起伏等語,若著一字於胸中,便看不得《史記》。猶詩家有起承轉合四字在胸中,便看不得大曆以前詩。

近日顧朗仲諱雲鴻,名儒也。讀《史記》,每題一字,用重圈别之,以爲文字之貫。至《酈食其傳》,題一"儒"字,便貫不去。

真西山《文章正宗》、謝疊山《文章軌範》,唐人論文,絶無此等議論。韓、李規模略具此書,何云絶無此等議論?① ○《正宗》只是科舉書,不但剪截近俗也,了未識《左》、《史》文章妙處,局於南宋議論,與韓、柳、歐、曾之學相似而實不同。②

近代王、李之文,歸震川痛排之。王、李妄庸處,人都不解,只是被他倒了六經架子。言不本於聖人,妄也;不知理義,庸也。然則《正宗》乃王、李對病之藥,何故不取之?③

---

① "韓李"至"議論"共十六字,據"中圖"本補。

② "正宗"至"不同"共四十二字,抄本、"中圖"本作"《文章正宗》議論卻正好,剪裁文字亦是一病。戊辰。○《正宗》不知《左》、《史》文章妙處,自是南宋人議論,識見與韓、李之學相似而實不同。○不知《左》、《史》,何暇論到六經? 以治王、李妄庸人卻得"。

③ "然則"至"不取之"共十六字,據抄本、"中圖"本補。

卷第七　誡子帖附社約〇余於孝慈堂中見林希等記，四篇。〇《吴師道集》有《三國雜記》。〇王原《廣陵集》有《明皇記後》、《李勣傳後》二篇。①

魯公書如正人君子，冠佩而立，望之儼然，即之也温。米元章以爲惡俗，妄也，欺人之談也。

顔書要畫中有筋，其用筆與徐季海父子相同。《多寶塔》是少年時書，點畫皆有法，不知者學之，正如布算相似，須要看他墨酣意足處。與《朱巨川誥》參看最得。

書至成時，神奇變化，出没不窮。若工夫淺，得少爲足，便退落。如嚴天池二三十歲時好，後來便可厭，只爲從前功夫不多也。大略初學時多可觀，後來不學，便不成書耳。

宋人作書多取新意，然意須從本領中來。米老少時如集字，晚年行法亦不離楊少師、顔魯公也。本領精熟，則心意自能變化。米行字全祖二王，豈可以顔、楊限之？②

字有二法：一曰用筆，汝用筆疏硬而骨枯，非法也，看楮書便知血脉處極細而有筆意也。二曰佈置，左右向背，上下承蓋，半闊半細，半高半低，分間架在佈白處。汝豪無法，但直寫而無意，不成字也，可勉之。佈置、用筆，千古來講之者

---

① “余於”至“二篇”共三十八字，據抄本補。

② “米行字”至“限之”共十四字，據抄本補。

多矣，趙子昂專言此，汝可尋思。

汝有《玄祕塔》否？我要緊用。不然，汝智永《千文》在否？凡學書人，《千文》少不得，此是右軍舊法，得此便有根本。如二王法帖，只是影子，惟架子尚在，可觀耳。書有二要，一曰用筆，非真迹不可；二曰結字，只消看碑。要知結字之妙，明朝人書，一字看不得，看了誤人事。行書從二王起，便是頭路。真、行用羲之法，以小王發其筆性。草書全用小王，大草書用羲之法。如狂草學旭不如學素，此吾法也。教人作書，吾便於柳法，今日殊不快意，無柳帖也。《武王徐氏法書記》云："梁大同中，武帝勑周興嗣撰《千字文》，使殷鐵石模次羲之之迹，以賜八王。"何延之《蘭亭記》云："智勇居永欣寺閣上，下臨得真草《千字文》，好者八百餘本。"則此帖本臨右軍書，與《告誓》同，故云"是右軍舊法"。○《梁書·周興嗣傳》云："《次韻王羲之書千字》。"則二家之説非無本。①

謝二書只學趙，自餘一步不窺，所以全不合古法也，然用筆如錐畫沙，細而有姿媚。汝短處正在此，不可不用功也。若死學柳書，其病亦正同耳。悟得柳公學古處，二王、歐、虞、褚、薛打做一塊方好也。至囑至囑。

學書當有晋人法，然真迹難得，看石刻極不易，所謂差之毫釐，謬以千里也。

趙文敏爲人少骨力，故字無雄渾之氣，喜避難。汝須參以張從申、徐季海方可。季海筋在骨中，晚年有一種如渴驥奔泉之勢，老極所以熟而不俗。張書古甚，拙處人不知其妙也。顔行如篆如籀，蘇、米皆學之，汝宜留心。

① "武王徐氏法書記"至"無本"共一百零七字，據抄本補。

昨法書多失體，佈置匀直少勢，鍾公云："點不變謂之佈棊，畫不變謂之佈算。"最是大忌。如"真"字中三筆須不同，"佳"字左倚人向右，右四横亦要俯仰有情。今俱如算子，大似無講貫也。今後千萬不可草草，囑囑。

日來學作虞法，覺其和緩寬裕，如見大人君子，全得右軍體。今日刻本《黄庭》都不是，但惜不見原本，筆畫俯仰處甚遒，翻多失之，與永師《千文》參看方有得。只是見來如此，下筆苦粗而板，寫了便要塗去，又無人商量，悶極也。强作數行，汝試評之，不是處須説。

米顛作顔行，兼用楊景度，有散仙入聖之致。坡公須帶二徐。

本領千古不易，用筆學鍾，結字學王。今日所傳鍾書止有右軍所臨《宣示》、《丙舍》爲可信，更何處學其用筆耶？①

晋人循理而法生，唐人用法而意出，宋人用意而古人之理法具在，知此方可看帖。

用意險而穩，奇而不怪，意生法中，此心法要悟。

行書王右軍正有《蘭亭》及《官奴帖》，獻之《辭中令表》。米元章云："但取《聖教序》學之，更學右軍諸札，使大小相雜便成書。"此言甚有會。然《蘭亭》、《官奴》字無大小，正如唐人碑上字耳。唐人多兼二王，張從中所云"右軍風規，下筆斯在"者也。然今所存頗似大令。徐季海有筋骨，如渴驥奔泉，怒猊抉石。東坡云："細筋入骨無人知。"此言極妙。米海岳以爲過老詆之，偏見也。米、黄論書殊不及坡，然今人多信米，所謂癡人前不可説夢。米、黄俱好爲快語，非篤論也。我

---

① "今日"至"用筆耶"共二十七字，據抄本補。

嘗謂蘇、黄論詩，米元章論書不爲無見，但抑揚太過，使人不樂聞耳。趙子昂用筆絶勁，然避難從易，變古爲今。用筆既不古，時用章草法便拙，當其好處，古今不易得也。近文太史學趙，去之如隔千里，正得他不好處耳。枝山多學其好處，真可愛玩，但時有失筆别字。董宗伯全不講結構，用筆亦過弱，但藏鋒爲佳。學者或不知董似未成，字在文下，云云。以下不全。①

趙松雪書出入古人，無所不學，貫穿斟酌，自成一家，當時誠爲獨絶也。自近代李楨伯創"奴書"之論，後生耻以爲師。甫習執筆，便羞言模仿古人，晋、唐舊法，於今掃地矣。松雪正是子孫之守家法者耳，詆之以奴，不已過乎！但其立論，欲使字形流美，又功夫過於天資，於古人蕭散廉斷處，微爲不足耳。如楨伯書，用盡心力，視古人何如哉？

近日讀書多有所見，與人不同。前有草稿，爲竇伯取去，甚好意也，然意中頗有所欲更定處，不可漫留以誤後人也。

樂天見李義山，云："他生願與此人作兒。"故義山名子爲白老。今許貞服自云學醉吟，乃輕薄温、李，斯何説耶？又好唐子畏，不知唐詩自學羅江东，不學白也。小兒輩妄言使人發惡。錢牧翁學元裕之，不啻過之，每稱宋、元人，矯王、李之失也。陸孟鳧本無所知，乃云"唐人不足學"，斯言也，不可以欺三歲小兒，邑人信之，爲可笑。錢公極學唐，但齊、梁已上，未免憒憒耳。元遺山不解陸士衡，比之於布穀，知其胸中未嘗有古人一字也。筆差爽，其所作亦時有可觀，大略疏淺不足深玩耳。吾嘗言錢公之文過於王、李，而其後人不足與鍾、

① "以下不全"四字爲《雜録》原注，非何焯評語。

譚爲奴，此言當有解者。王止仲云："裕之之作，其竭力者僅欲瞻望蘇長公之垣墉，豈爲深於詩者？以爲當時無能過之，故爲人所宗耳。"①

學爲古文詞，不得有近代俗語著于胸中，此最損文格。

吾年七十，因氣成病，頗有惡夢，想不久矣，特力疾作遺囑。此我末後之語，汝宜聽之遵之。我有微名，汝襲之似易，勿廢吾業也。汝詩全不是，只路頭已正耳，今詳告汝。先看《毛詩》、《離騷》，則六義風刺，曉得根本來歷。朱子注看不得，淺薄易入，人一入此門路，便不會做詩耳。戒之戒之。朱子《詩》注全不是經，只是一部山歌曲子，俗人拙文字耳。五言始於漢，盛於魏。曹植千古之師也，勿云不及蘇、李，蘇、李作用少也。詩人説色説酒説山水，皆在晋末，陶酒、鮑色、謝山水。而對偶用事，顔延之爲祖。此後世詩人之祖也。子美中興，使人見《詩》、《騷》之義，一變前人，而前人皆在其中，惟精於學古，所以能變也。此曹、王以後一人耳。汝學詩不必慕高，但得體格成就，理不背於《詩》、《騷》，言之成文，便足名家。近代已來，能如此者不過一二十人，不爲不高也。汝書無作用，勉之而已。

學前人書，從後人入手，便得他門户。學後人書，從前人落下，便有拏把。汝學趙松雪，若從徐季海、李北海入手，便古勁可愛。見汝行書，如挽秋蚓，意不喜，試以我言用功，何如？汝學顔書大署書，乃有似東坡處，此從上學下也。汝作《多寶塔》體，多用死筆，所以不好。要看他活處，如"貝"字、"有"字，横處全無俯仰，如一張梯，此失也。小處用功，便不死。

---

① "王止仲"至"爲人所宗耳"共四十二字，據抄本補。

詩至貞元、長慶，古今一大變，李、杜始重。元、白，學杜者也。元相時有學太白處。韓門諸君兼學李、杜。韋左司自是古詩，與一時文體迥異。大略六朝舊格，至此盡矣。李玉溪全法杜，文字血脉，却與齊、梁人相接。温全學太白，五言律多名句，亦李法也。《與瞿鄰臯》。①

本領者，將軍也；心意者，副將也。所謂本領，只是規模古人，然須有取舍，不得巧拙兼效。雖欲博涉諸家，然須得通會，不可今古雜出。唐人尚法，用心意極精。宋人解散唐法，尚新意，而本領在其間，米元章書如集字是也。至蔡君謨則點畫不苟矣，坡公立論亦雅推君謨。

作字惟有用筆與結字。用筆在使盡筆勢，然須收縱有度。結字在得其真態，然須映帶匀美。

學古人書，不可失其本趣。如近代王履吉書，行草學孫過庭，全失過庭意；正書學虞，全不得虞筆。虞云："先臨《告誓》，後寫《黄庭》。"《夫子廟堂碑》全似《黄庭》，履吉不知也。過庭與右軍殆無别矣。履吉多險怪，全無右軍體，《白雀帖》尤惡。

嘗學蔡君謨書，欲得字字有法，筆筆用意。又學山谷老人，欲得使盡筆勢，用盡腕力。又學米元章，始知出入古人，去短取長。今老矣，不能復成其技，以此三言爲贈。《與葉祖德》。②

古之名人，皆是博學大才，一時重譽，所傳文字，又經歷代具識審鑑，以至今日，其有遺謬，乃是萬中之一。近世輕薄

---

① "與瞿鄰臯"四字爲《雜録》原注，非何焯評語。
② "與葉祖德"四字爲《雜録》原注，非何焯評語。

之流，果於非古，非惟貽笑將來，亦懼有損盛德。凡我同人，讀古有疑，恐是思之未至。毋憚博訪詳問，慎勿任意詆呵也。以下四則是社約。①

杜子美云："讀書破萬卷，下筆如有神。"涉覽既多，才識自倍，資於吟咏，亦不專在用事。今之律詩，始於永明，成於景龍，既以儷偶爲文，又安得以用事爲諱？況邇世墳籍不全，師匠曠絶。假令力學，猶懼未到古人。凡我同人，縱使嗜好不同，慎勿自隱短薄，憎人學問，便謂詩人不課書史也。

陶公讀書，止觀大意，不求甚解。所謂甚解者，如鄭康成之《禮》，毛公之《詩》也。世人讀書，正苦大意未通耳。今者朝讀一書，至暮便竟，問其指歸，尚不知所言何事。自云"吾師淵明"，不惟自誤，更以教人。少年倦於討求，從之而廢。凡我同人，若遇此輩，所謂損友，絶之可也。

古人議論，自有異同。或由同時嫌隙；或由時代懸遠，風尚乖隔；或是救時之言，矯枉過正；或一時快言，不爲篤論。假如王安石不信《春秋》，李泰伯不喜《孟子》，此亦可從耶？凡我同人，古人所稱，自當研求。遇所詆刺，且宜存而不論，毋事逐聲也。

---

① "以下四則是社約"七字爲《雜録》原注，非何焯評語。

卷第八 遺言

讀神農、黄帝之書而殺人者，庸醫也；讀周、孔、堯、舜之書而亂天下者，庸儒也。庸醫人惡之，庸儒至於喪天下，其禍烈矣，儒者猶歌頌而尸祝之，何哉？

少正卯吾不知何如人，若吾夫子之言，則王安石似之。若少正卯生於宋，雖有孔子，亦不得而誅也。

趙普，小人也，讀《論語》而用之，宋以三百年。方孝孺，君子也，讀《大學衍義》而用之，建文君之亡，忽焉。辟之於弈，《大學衍義》如弈譜有鐵網局，雖弈秋亦只如此，至於對局爭勝之時，卻有靠不着他處。《論語》便句句用得。趙韓王若用得《論語》全，便是伊、周也。

《論語》文字甚妙，宋儒語録不做文字，無討論潤色之功，便有沁漏處、偏枯過當處。不善讀者，往往認錯，不免被他誤了。

太史談尚黄老而薄儒術，揚雄、班固皆以爲譏。文中子，儒者也，卻云史談善言九流，何耶？《易》曰："乾以易知，坤以簡能，易則易知，簡則易從。"然則儒者可大可久，只簡易而已，烏得云"博而寡要，勞而少功"耶？史談只論得後代傳經之儒，周、孔不如是也。

程子云："孟子有英氣。"余初不解此語，後來見俗儒有非孟者,始知英氣害事。孟子只要説得透快,如“舜受堯之天下不以爲泰”,此言可也。又説“王公之尊賢”,便生出後人許多議論。要了他天下罷了,連女兒都要他的,不免已甚。只當云尊其位,重其禄,行其道。讓天下者自唐、虞以後不可行也。孟子説話,都説得極透。堯、舜以道相傳,天下非所私也。古人爲道如此,三代之下難言矣。如“桃應問曰”一段,亦是透頂説話,後人便道他行不得,便是不知孟子意思。

“做得文字好,便是不幸”,程子有爲言之也。不如孔子云:“文莫吾猶人也。躬行君子,則吾未之有得。”較説得周匝詳穩。

大略浮名最害事。

儒者最忌二事:有門户,有架子。

不知時勢,不智也;不顧人情,不仁也。不智不仁,而言先王之道,去之遠矣。

莊子云:“虎狼,仁也。”父子不相食,只此便是性善,假令下愚不移,他也有澌滅不盡處。荀子説性惡,都不曾在源頭上理會。

蟲鳥猶有一倫焉,五倫不備,何以爲人?

“仲尼没而微言絶,七十子没而大義虧。”處士横議,九流沸騰,持之有故,言之成理,生於其心,發於其政。發於其政,害於其事,非聖人不能辨也。如《管子》有儒家説話,有道家説話,又有刑名家説話,然其好處自没不得。

孟子曰:“以友天下之善士爲未足,又尚論古之人。”然則誦《詩》讀《書》,尚論古人,只應求他善處。宋人論古事,如酷吏案罪,見法輒取,不肯原情考實。此無他,只是好善不誠,心不正，惡而不知其美，“之其所賤惡而辟焉”者也。[1]

太史公識見極高。從百世之後，論百世以前之事，而曰某事可信，某事不可信，非愚則誣矣。一本於六藝則無失，雖有疏略，亦史闕文之義也。蘇子由《古史》全不解此意。

儒者之言曰：“食取其充腹，無事於膏粱也；衣取其禦寒，無事於文繡也；文貴其達意，無事於華綺也。”應之曰：“不得膏粱而食葵藿，不得文繡而衣疏布，蓋不得已也。必葵藿、疏布而後衣食，則惑矣。孔、孟之文，皆如金玉，古之人必有道矣。齊景公有言曰：‘不見君子，不知小人之拙也。’小人之言鄙，其極也必至於倍。君子出詞氣，必遠於鄙倍矣。”

平常説話，其中亦有文字。歐陽公云：“見人題壁，可以知人文字。”則知文字好處，正不在華綺。儒者不曉得，是一病。

聖人之所是，賢人之所非，吾必從聖人。凡有是非而無證者，雖先儒所言，吾有疑焉，存而不論可已。

吹毛求疵，洗垢索瘢，君子不爲，況於古人乎？況於古之賢人乎？如孟子之闢楊、墨，不得已也。世之誣古人以成其文者，“斯言之玷”乎！

《詩》曰：“巧言如流。”孔子曰：“巧言令色。”謂佞人之口也。如左丘明做得文字好，子産爲命，豈是巧言？儒者或誤認。

今有郡邑於此，賦税不均，民困盜起，用子産乎？儒者曰：“用子游、子賤。”噫！不得子游、子賤，不免於用庸人也。君子使人也器之，不當求備。

---

① “辟”，借月本作“僻”。

有程子尚者，以真天真地立教，其言曰："自地以上皆塵也，非真天也。"應之曰："自足以上皆血肉也。頭非其真頭乎？"

子尚曰："微塵，真地也。"應之曰："真者假之對也。必微塵爲真，大地爲假乎？合之爲大地，散之爲微塵，真則俱真，假則俱假。"

程子尚謂其門人曰："使古無宓戲，八卦我能畫之也。"徐子儀以告馮子，馮子曰："京房、郭璞，儒者所譏也，彼之所知，程子尚猶未知，焉能畫卦乎？"

太史公曰："學者載籍極博，必取信於六藝。"又曰："諸家言黄帝文多不雅馴，薦紳先生難言之。"其不愛奇也明矣，芟之或未盡耳。揚雄以爲"多愛不忍"，非也。

漢初文字駁雜，至揚子雲壓之以五經，驅天下之文盡歸之於孔、孟，後之文人不敢亂説，揚子之功也。韓退之、曾南豐皆極重之，是也。儒者頗譏之，吾以爲此人有心於聖學，但其人文士，於聖人立身行己之道，講之不盡，止知"惟寂惟寞"，不汲汲於富貴，便謂了事，此其所短也。比之孟子則過矣，直以爲有罪無功，亦未平。

觀戰國文字，聖人之道絶矣，惟詞賦尚有詩人之遺。揚子雲云："童子雕蟲篆刻，壯夫不爲。"班孟堅則云："相如之文，與詩人之諷刺不異。"請與知者論之。

子雲云長卿"文麗用寡"，則是矣。並言賈誼，則甚矣。

讀書而言古人之不善，不如稱其善之有益於人。

管子一生好處，全在不王。天命已絶，人心已去，湯、武革命，順乎天而應乎人也。天命未絶，人心未去而求王，則是反而已矣。若以管子不王爲器小，商鞅其大乎？請隧召王，亦可以無譏矣。然則云器小何也？曰：《論語》已明言之矣，大抵器小者易盈，伊尹、周公自視欿然也。管子之量，不勝其功，不覺過分僭妄，其量已滿。《論語》亦要做文字，兩個“或曰”，跌得極醒。

或曰：“孟子不爲管仲。”不知孟子亦不爲顔淵。“仲尼之門，無道桓、文之事者”，觀於《書》，蓋亦不道齊太公之事。

儒者以六藝爲法。經傳以千萬數，“不如《老子》之約”，司馬談之言也。司爲遷之書，繼《春秋》而作，子長蓋儒者也。子雲言之不分别，班固亦然，何也？談生漢景之世，時尚黄老，故其言如此。子長在武帝時，則不然矣。

孔子作世家，老子與韓非同傳，列國世家書孔子卒，不“先黄老而後六經”，明甚。

今之儒者，皆曰禹、稷、契、皋陶何書可讀？孔子曰：“或生而知之，或學而知之。”何也？又曰：“聖人之學，不是讀書。”孟子曰“尚友古人”，則曰：“誦其詩，讀其書。”顔子言孔子教人博以文，約以禮。《論語》曰：“子所雅言，《詩》、《書》、執禮。”這都是甚的？是故惡夫佞者。

書契以來，便應有書。禹、稷、契、皋陶亦怕不是不識字的。《三墳》、《五典》、《九丘》、《八索》已不可見，只如伏羲八卦，亦是書。宋人説話，只要説得爽快，都不料前後。

朱子曰：“有文王之《易》，有孔子之《易》。”吾亦曰有朱子之《易》。朱子之言，他實實有見處，方有以言，其得於《易》者深矣。然《易》已言之：“仁者見之謂之仁，智者見之謂之智，百姓日用而不知。”今之妄人，不去理會伏羲之《易》，只去尋文王、孔子不是處。於朱子之語，便不曾理會也。

朱子云：“《公羊》、《穀梁》善説道理。”今之讀《春秋》者，可不知道理乎？

蘇威好古物，文中子譏之曰："古之好古者聚道，今之好古者聚財。"諒哉言乎！然鐘鼎珪璽，可以觀禮，君子尚之可也。不知書而好古器者，賈人而已。評其價值，加之以作僞，非賈人而何？更有可恨者，修改割截以求利，古器之賊也。

肉刑，三苗之刑也，堯、舜以來，仍而用之，遂爲帝王之法，然漢文已革之矣，若今日用之，是又爲三苗也。歷代以來無肉刑，天下未嘗不治，廢之可也。余十二歲時，先君子試以《肉刑論》，爲之文曰："仍而用之，則三王之舊法也，已廢矣。創而行之，則三苗之淫刑也。"先君以爲知言。

潑倚卓静坐做功夫，儒者如此，然亦非教人枯坐也。如齊家、治國、平天下，有事有理，須要學，知靠静坐不得。

《文中子》論人恕，論事實，宋人惡之，非公論也。房、杜、王、魏諸君子非懵然不知人者，北面事之，其人可知。

唐之興，廟堂之上，皆河汾諸君子也，可以知儒之效矣。宋之興，趙普學《論語》，可以知經之用矣。

宋人談性命，真開千古之絶學，章句之儒陋矣。其論忠孝節義，使宇宙間一日無此議論，人道其化爲鬼魅乎？爲禽獸乎？但論人物，談政事，言文章，便是隔壁説話。

讀《朱子語類》、《朱子全書》，斯人也，尸而祝之可也。看諸儒摘他的説話，卻把好處都芟去了。

歐陽公論朋黨，真快語也，但君子以公義相取，不是黨。君子有黨亦害事，觀東林諸君子可見矣。如萬曆時定儲，天啓時閹禍，則諸公者豈非天下之正人乎？但實與相處，未免重門户，便有私意，其間大有可議處。

儒者都好立黨，有心天下者，不可不知，只觀他論古人便見。如曾子畏子路，子貢與衛將軍文子言稱曾子，當時何等相重！宋儒只爲要説曾子傳道，遇着子路、子貢，務要尋他短處，與他結下冤讐。《論語》説"十哲"，諸書説"四友"，只爲中間没了曾子一個，便生出許多議論。如此見識，處班行之間，是非不平，一味門户，自然激出事來。不能容小人，尚且害事，他每亦容不得君子，如何不是個偏黨私意？

漢人之黨，君子、小人相攻也。唐之牛、李，功名之士攻功名之士也。宋之蜀、洛，君子不相容也。

雍季，範我馳驅者也，舅犯爲之詭遇也，用舅犯，賞雍季，晋文公譎而不正，亦不純尚詐也。詭遇而獲，只可一試，常用之則敗矣。故曰雍季之謀，萬世之利也。治天下國家，詭遇不得。孟子云未聞"手援天下"者也。五霸假之，正是假這個馳驅之法，但雜用譎詐，有時詭遇耳。管子正處多，宋人亦説他是詭遇，都不曾細細推勘。子思子云："天下國家可均也，中庸不可能也。"管子之謂也。以爲詭遇，非也。

《詩》之亡也，《離騷》繼之，至於漢，而麗淫之賦興矣。然蘇、李五言之作，謂之"麗以則"可也。五言訛於晋、宋之際，自魏末苦清言，以老、莊爲學問，名士恣情酒色以爲達，文人承流而作。謝靈運肆覽《莊》、《易》，放意山水。"陶淵明詩篇篇有酒"，鮑明遠創傾側紅紫之文，詩人美刺之義漸遠矣。儒者不解詩，多以緣情之作爲無益，然亦敬杜少陵，至匹之郭子儀。朱晦庵亦學陶公。夫山水之文，使人蕭遠無鄙悋。"仁者樂山，智者樂水"，爲之可也。陶公言飲酒，即七賢之志也。彼皆有爲而爲之，君子不可無陶公之志。苟非其時，則沈湎亦可戒也。

或曰："儒者不喜文章。"亦不是聖人之道也，近似墨子之非樂。彼云:"文章無用。"若如所言,則金石絲竹,飢不可飽,寒不能温,先王以之立教,何耶?"文章,經世之大業,不朽之盛事",儒者未之學耳。

韓吏部之《原鬼》,非儒者之言也。古之聖人,皆不言無鬼,若無鬼,祭祀爲欺人矣。

韓吏部曰:"荀與揚也,大醇而小疵。"荀不止小疵也,言性惡,殺《詩》、《書》,與時遷徙,與世偃仰,一變而爲李斯,宜也。

先王順人情以制禮,故天下信之,行之。《禮》曰:"非從天降也,非從地出也,生乎人情者也。"因人情而爲之節文耳,若違人情,徒以天子之勢,強而行之,必且"導之以政,齊之以刑",異乎儒者之道,而近乎刑、法家言矣。誰謂荀卿知禮者?

荀子之言,惟二戴所取爲醇也,彼有所受之也。

文章之人,大者與六經同義。其爲用也,百官以治,萬民以察,君臣非此不通,朋友非此不合,君子以喻其意,衆人以辨其事,言之也有徵,出之也有倫,可以久,可以遠,彬彬乎君子之言也。小人則不然。拙者則鄙而倍,得罪於名教,不合於聖人,自是而不可諫;巧者則順非諧俗,不可以對君子。此只是"言之不文"也。儒者好爲鄙語而惡文章,不知其敝也。

《過秦論》,論之首也,昭明止選上篇,爲班孟堅之言也。然則當時選文,猶以理之得失爲文工拙。至宋人而文章一變,儒者不喜人作好文字,亦怪他不得。每見村塾小兒讀《文章規範》,意中常發惡。此書全不論理,今具論其失如左。

大凡學文,初要小心,後來學問博,識見高,筆端老,則可放膽。能細而後能粗,能簡而後能繁,能純粹而後能豪放。謝疊山句句倒説了。至於俗氣,文字中一毫着不得,乃云"由俗入雅”，戲論也。東坡先生云：“嘗讀《孔子世家》，觀其言語文章，循循然莫不有規矩，不敢放言高論。”然則放言高論，夫子不爲也，東坡所不取也。謝枋得叙放膽文，開口便言初學讀之必能放言高論，何可如此？豈不教壞了初學？

韓吏部，文章之聖也。其《諍臣論》，文則工矣，未免爲失言，韓公於是乎不知人矣。韓公《順宗實録》，於陽道州之卒，叙其生平。此文雖班固不過如此，可謂極筆，且昌黎之集，善文多矣，何必選此？不惟不愛陽道州，亦非所以愛退之也。

歐陽公之文，創革楊、劉之浮華，首變唐人之艱澀，千古絶作也。至於人品之高，見於史册。此泰山、北斗，豈可議乎！然有一病，其爲文也，喜稱人之惡，而不樂道人之善。謝枋得云：“學歐不成，必無精采。”是何言歟？乃稱其《縱囚論》、《上范司諫書》二文，歐陽公之過也，讀之使人髮上指。

卷第九　通鑑綱目糾謬

初命魏斯、韓虔、趙籍爲諸侯。

胡氏曰："善爲天下國家者，謹於微而已。云云。① 夫如是，雖使六卿並起，三家輩出，莽、操、懿、温，接迹於朝，效忠宣力之不暇，而何有於他患？"

按：胡氏言謹微，是也。然"周道壞於幽、厲，非直微而已"。至"六卿並起"，云云。② 則謬甚矣。舜誅四凶，天下咸服，凶人不可容也。苟莽、操、懿、温可使效忠宣力，又"何遷乎有苗，何畏乎巧言令色孔壬哉"？家不藏甲，都城不過百雉，謹微也。若三家輩出，六卿並起，跋扈放恣，尾大不掉，慎微者有是乎？且如曹孟德，以其才爲能臣，笮其頭而用之，在太平時可耳，若一旦國有大變，其人亦難信，投間伺隙，爲龍爲蛇，亦恐不可制。若仲達之陰忮，全忠之凶狡，此聖人所誅也。如王莽者，似恭漫天，當日之共工也，流之幽州，猶恐不足盡其惡也。假令都無惡意，爲國宣力，其躁擾愚妄，則誤國殃民，亦何忠之可效？《易》不云乎："開國承家，小人勿用。"《禮》不云乎："惟仁人放流之，屏諸四夷，不與同中國。"見不

① "云云"二字爲《雜録》原注，非何焯評語。
② "云云"二字爲《雜録》原注，非何焯評語。

善而不能退，退而不能遠，過也。胡氏儒者，言與經背，何哉？

趙襄子漆智伯之頭，以爲飲器。豫讓欲爲之報讎，乃挾匕首，詐爲刑人，入襄子宫塗厠。左右欲煞之，襄子曰："真義士也，吾謹避之耳。"又伏於橋下，欲煞襄子。襄子煞之。

胡氏曰："豫讓可謂義士矣。襄子知其如此而終煞之，何以爲人臣之勸哉？"

闊哉，胡氏之言也！按《史記》：襄子如厠，心動，執刑人，知爲豫讓，義而捨之。又爲死人臥橋下，襄子過橋，爲驚，得豫讓。以兵圍之曰："吾赦子亦已足矣。"使自爲計，讓請襄子之衣三擊之，乃自殺。待之有禮矣。又按《賈子》：讓刺襄子五起而不中，襄子爲之一夕三徙。夫晋陽之事，曲在智伯，襄子無負也。其臣爲報讎，心動、馬驚，天也，豫讓亦難避矣，豈必赦之而後爲義？正應煞之以成其名耳。吾聞古之賢君聖主，未嘗無征伐也，孰無人臣，使報讎者必不可煞，則人主亦危矣哉。周公誅武庚，亦何以勵臣子乎？且捨義士以爲人臣之勸，亦非所以責分晋之趙氏。闊哉，胡子之言也！輕身以殉一夫之義，如王子慶忌之成要離，乃俠士之爲，非儒者之大道也。趙襄子不幸而死，趙氏之亡未可知，襄子何以見簡子於地下哉！

衛鞅伐魏，誘執其將公子卬而敗之。魏獻河西之地於秦，徙都大梁。魏惠王嘆曰："吾悔不用公叔之言。"

胡氏曰："使鞅而煞，煞鞅而魏常無患，未害爲煞無罪以利己，仁者不爲也。況天下不止一鞅，可勝煞乎？"

甚矣，胡氏之無識也！煞商鞅猶殺虎也，虎之類不可盡，遇虎不煞，曰："天下不止一虎。"非大愚不爲此言也。吾聞聖賢之人不世出，當喪亂之時，才術智能如商鞅者，亦不易有。云“天下不止一商鞅”,何言之輕也？且云“煞無罪以利己,仁者不爲”,益愚矣。小仁,大仁之賊也。孔子誅少正卯,奸人之雄也,須其有罪,則國家之事受其敗矣。譬如一虎,必須其食人而後煞之,仁者豈如是乎？秦用商君,天下後世受其毒,罪亦大矣,不早煞之而待其罪,罪已成則無及矣。逮於欺公子而取河西,魏能煞鞅乎？大抵書生淺見,輕言天下之事,輕視天下之人。如蘇明允云:“天下有桓公而無管仲。”吾不信也。夫晋文之才,過於齊桓,五臣者,顛頡誅,四子亦無及管仲者。知舉春秋之世,蓋未有如此人也。吾夫子誅少正卯,朱子亦疑之,皆胡寅之類也。英雄幹實之人,往往惡儒生文士,正坐此哉。是皆祸於吾道,遂使無忌憚之小人,肆意妄行,輕議《詩》、《書》,腐儒之爲患於儒門非小。

漢王奪韓信軍。

楊氏曰:“韓信之軍,禁防疏闊如此,使敵人投間竊發,則信可得而虜也。”

楊氏之不知兵甚矣。韓信,漢將也;將者,漢兵也。漢使至,必有符驗證據,然後可入軍門,非敵人所能爲也。漢王自稱漢使,必示以符驗證據,軍門不疑也。既入其軍,取其印符,以麾召諸將而易置之,莫敢枝梧,此亦惟漢王所以能爲之。當是時,信所將諸將,如曹參之輩,皆漢王舊將,見王至,自然厭伏,故可易置。若是敵人,軍門不可入。即入,亦不能入臥内奪取其印符。即奪之矣,麾召易置諸將,諸將亦不聽。二人起,此人者可斬也。楊氏書生妄言,人或信其説,可嘆可嘆!

漢遣侯公説項羽,請太公、吕后。羽乃與約中分天下。

九月，歸太公、吕后，羽解而東歸。張良、陳平曰："楚兵饑疲，今釋而弗擊，此養虎自遺患也。"王從之。

程子曰："張良才識高遠，有儒者氣象，而亦以此説漢王，不義甚矣。"

程子醇儒也，知小義而不知大義。夫張子房以五世相韓，報秦於博浪沙中，義也。以祖父事韓君也，身事韓王成而楚殺之。若漢王西歸，釋羽弗擊，雖叩頭流血以爭之可矣。程子以爲不義，且曰"不義甚矣"，此何哉？夫楚、漢之事，英雄相競以智力耳，此固難以儒者之道論。即以儒道論之，程子之説亦非也，請詳言之。項羽弑義帝，漢王至洛陽爲義帝發喪，哀臨三日，告諸侯曰："寡人願從諸侯擊楚之殺義帝者。"今若與項羽約分天下而去，是失大信於天下也。夫君子爲義，當務其大者。項羽剽悍賊害，漢王與戰，不能當也，幸其失計窘迫，可乘而取之耳。使得休息，他時捲土再來，楚、漢之成敗不可知，天下之民，自此塗炭，亦未知何時而已。使無罪之人，肝腦塗地，較之失小信於項羽，孰大孰小？救民於水火者，宜如是耶？以臣弑君，大不義也，湯、武行之，《大易》以爲"應天順人"，孟子以爲"誅一夫"。項羽屠殺之慘，桀、紂亦不至是，區區失小信而取之，不義亦微矣。救民於水火之中，猶賢於湯武之放殺也。若曰湯、武必不失信，又不然。高祖有太公，父也，猶武王有文王也。太公執於楚人，侯公要之以中分天下，曰："自鴻溝以西爲漢，鴻講以東爲楚。"文王囚於羑里，太公、散宜生請之於殷，必曰："殷爲天子，周爲藩臣，世世子孫，不敢有貳。"若直告之以發政施仁，日辟百里之事，文王且烹脯矣。及戡黎之日，殷人大恐，儒者諉之於武王，曰："此西伯非文王也。"赫怒奮於阮疆，臨衝折於崇墉，豈亦武王乎？奄有其土，徙而居之，何也？如宋儒之見，則當請於天子，爲二國更立賢主乎？取之大不義也。①

公閲未終册，偶識五則。由此以推，則所當駁者殆未可量也。猶子武記。②

---

①“程子醇儒也”至“取之大不義也”，原本緊接前文“不義甚矣”。中華書局本校勘記曰：“依該卷格式，此爲馮班糾謬之言，當於此處斷開另起一段。”（見中華書局頁本第133頁）此説可從，因此據之修改。

②“猶子武記”四字爲《雜録》原注，非何焯評語。

卷第十　將死之鳴

忽感小疾，遂至沈篤，引鏡視面，殆恐不濟，年近七十，亦無餘憾。所可念者，汝輩生計貧薄，學業無成，以爲惙惙耳。我平生更歷患苦，見事頗多，内省自訟，豈惟五十知非？今以所見，載之於紙，汝輩時一省之，所益非少。長寢之後，此書存者，如我未死也。

家世素業，不可輒廢。吾家以讀書相傳，業之貴者也。變革以來，寒進路絶，子弟多廢書，吾每恨之，正未之思耳。負販小人，知畫甲乙，能記姓名，便與流輩不同，況士君子之後，何渠無益？古人三餘讀書，亦不妨於諸業也。士人染於禮教，雖有不令，未至十分顛蹶，流冗市井，所爲鄙倍，有不可以理格者。所知一人，頗能治生，亦非大不肖，一旦盡伐其先壟松柏，余驚而止之，乃曰："去家遠，守之爲難，不如伐去。"用心如此，先人不保丘墓矣，可不懼哉！此無他，不學之患也。

士君子不必有奇節，惟平惟實，可以保身。平則無一朝之患，實則患至可以不懼。然此二字，殊不易了。素位而行，不願乎外，居易以俟命，平也。戒慎乎其所不睹，恐懼乎其所不聞，實也。聖賢亦只如此。

余生於萬曆之季，當時士大夫子弟，舉業之外，不得通一技，觸事面牆，往往可笑，在今日豈得爾？語云："家有千金，不如薄技在身。"一技足以養生也。但爲之须恒，不恒則不成；學之須精，不精則無名。苟碌碌在千百人中，亦不可得食也。

"放於利而行，多怨"，非保生之道也。先兄每云："見利思義，義不勝利，思必不能自克。"余應之曰："不如見利思害。"先兄浩然而嘆，以爲知言。夫有無故之利，必有無故之害倚伏之，理然也，惟有道者知之。《老子》曰："天網恢恢，疏而不漏。"小人識慮淺短，惟見其疏，不知其不漏。爲惡無忌，以爲天道無知，積惡滅身，受禍慘烈，耳目所見，吁，可畏也！其遠者乃在子孫，如葉林宗、何士龍，身死無孑遺，可以爲監。明哲保身，但問克終何如？一時之間，小小利鈍，不足計也，亦安知其不爲福？《書》、《易》多言善惡之報，聖人之言，必無欺人。

黠者損人以利己，愚者損人以害己。黠者可以情測，愚者不可以理格。君子避之。孔子曰："今之愚也詐而已矣。"愚者難防，正以其行詐。先兄每相戒勿與愚人共事。

好酒之人，勿與謀事，防其醉而泄也。吾親經此，非常語也。[1]

不孝以無後爲大，有子而不知教，不孝殆有甚焉。

繼志述事，非所責於市井小人。常見冠蓋之家，夷於皂隸，正爲子弟無教耳。

古者不親教，蓋望之切，責之急，必至於"賊恩"。孟子之言，最得人情，非後世愚儒所解也。然今時無良師，那得都不

---

① "吾親經此非常語也"八字爲《雜録》原注，非何焯評語。

親教，但勿傷於過嚴耳。過嚴之弊，子弟馴謹者必愚，黠慧者則憨。鞭扑之下，使人不生善念。先叔祖振峰公三子皆不孝，太嚴也。此我所親見，恐汝輩不知。①

婦人不知男子之事，勿令教子。

萬曆之末，士子不學。然一時名士，亦無頓至憒憒，所見如方應詳、胡震亨、李流芳，皆胸有數千卷。有一俗儒，嘗言黄蘊生必不第，蘊生連中兩榜，余戲之曰："蘊生竟何如？"面發赤而走。自鼎革以來，余游北方，士君子好爲詩，山人詞客，縱横於道路，讀書者亦不至饑餒也。蘊生，名淳耀，死節名人也。

① "先叔祖"至"汝輩不知"二十四字爲《雜録》原注，非何焯評語。

附　録

四庫全書總目提要・鈍吟雜録[①]

《鈍吟雜録》，十卷，浙江巡撫采進本，國朝馮班撰。班字定遠，號鈍吟居士，常熟人。卷首自署曰上黨，從郡望也。是書凡《家誡》二卷，《正俗》一卷，《讀古淺説》一卷，《嚴氏糾謬》一卷，《日記》一卷，《誡子帖》一卷，《遺言》一卷，《通鑑綱目糾謬》一卷，《將死之鳴》一卷。班著述頗多，没後大半散佚。其猶子武搜求遺稿，僅得九種，裒而成編。《家誡》多涉歷世故之言，其論明末儒者之弊頗爲深切。《正俗》皆論詩法，《讀古淺説》多評詩文，《日記》多説筆法字學，皆間附雜論。《嚴氏糾謬》辨嚴羽《滄浪詩話》之非。《誡子帖》多評古帖，論筆法，末附以《社約》四則，皆論讀書之法。《遺言》、《將死之鳴》，皆與《家誡》相出入。《通鑑綱目糾謬》尚未成書，僅標識五條，武録而存之耳。大抵明季諸儒，守正者多迂，騖名者多詐。明季詩文沿王、李、鍾、譚之餘波，僞體競出。故班諸書之中，詆斥或傷之激。然班學有本源，論事多達物情，論文皆究古

① 永瑢等撰《四庫全書總目》卷一二三《子部・雜家類七》，中華書局 1965 年版，第 1064 頁。

法,雖間有偏駁,要所得者爲多也。

四庫全書總目提要補正·鈍吟雜録①

是書凡《家誡》二卷,《正俗》一卷,《讀古淺説》一卷,《嚴氏糾謬》一卷,《日記》一卷,《誡子帖》一卷,《遺言》一卷,《通鑑綱目糾謬》一卷,《將死之鳴》一卷。

李慈銘《祥琴室日記》云:"定遠學問不足言,而頗有見地。其卷一、卷二《家誡》、卷八《遺言》、卷十《將死之鳴》所言多合事理;卷三《正俗》皆論詩;卷四《讀古淺説》兼論詩文,尤其學力有得之言;卷五《嚴氏糾謬》,專駁《滄浪詩話》之誤,雖取指不同,各有是非,而辨正時代體製自爲較確;卷六《日記》,卷七《誡子帖》,多論碑帖及學書之法,亦有微悟。其議論最佳者,如云'古人文章,自有阡陌,銘誄之文,不當入詩。馮惟訥《詩紀》載入古銘誄、箴誡、祝贊、繇辭者失之。''陸法言定韻之夕,如薛道衡北人也,顏之推南人也,當時已參合南北而定之,故韻非南音也,今人但知沈休文是吴興人耳。''夫子曰:"信而好古",宋人讀書,未聞好古,只是一肚皮不信,讀書不可先讀宋人文字。''嘻笑怒駡,自是蘇文病處,君子之文必莊重。蘇公自有大文字,宋儒議論是非不平,便是心不正處。''太史公云:"諸家言黄帝多不雅馴,縉紳先生難言之",其不好奇明矣,揚子雲譏之,不知何見? 子雲作《蜀本紀》,其書雖不傳,然所言上古蠶叢以來奇事,頗有存於他書者,皆非六藝所述,恐太史公不必信也。''《新唐書》列傳論讚,大有不

---

① 胡玉縉撰,王欣夫輯《四庫全書總目提要補正》卷三十九《子部·雜家類五》,上海書店出版社 1988 年版,第 1024—1026 頁。

可及處,宋公未可輕議也。歐陽公文甚高,然用心不平,不便作史論。’‘《爾雅》乃《詩》、《書》之義訓,不讀此,不能讀《詩》、《書》。’‘讀書而言古人之不善,不如稱其善之有益於人’,‘讀書須從上讀下,先看後人書,於古人好處便不相入。’‘宋人論文有照映波瀾起伏等語,若著一字於胸中,便不能看《史記》’,‘真西山《文章正宗》,謝疊山《文章軌範》,唐人論文,絶無此等議論。’‘文章無定例,只在合宜。王荆公論仲尼不應作世家,只是不知變例。’凡此諸條,皆非深造者不能道。卷中所附何義門評語,亦多精當。至若痛詆《荀子》,則定遠之學固未足以知之。又謂‘庾子山詩,太白得其清新,老杜得其縱横,齊、梁詩學問源流,氣力精神,有遠過唐人處’,則其好尚之偏,不足爲據。又謂‘韓吏部變今文爲古文,歐陽公變古文爲今文,歐文如唐人四六尚有古意’,以及詆明詩爲更下於宋,詆楊用修好妄而健忘,其書幾於一字不可信,詆王、李爲實是妄庸,詆譚元春、鍾惺爲不通文理,不識一字,皆未免過當。歐文何可易言。明詩實勝於宋。升庵固好僞撰,其學識才情究爲有明第一人。王弇州大非李比,其才雄學富遠過震川,妄庸之譏,豈爲定論。友夏、伯敬,亦有清才,學雖近俚,不無機悟可取也。定遠又云:‘余於前人未嘗敢輕詆,老人年長數十歲便須致敬,况已往之古人,然有五人不可容:李禿謂卓吾。之談道,此誅絶之罪,孔子而在,必加兩觀之誅。程大昌之《演繁露》,妄議紛紛。義門評曰:‘泰之不惟妄議,其健忘而謬誤處亦多。’楊用修之談古,欺天下後世以爲無一人。譚元春、鍾惺之論詩,俚而猥,乃狹邪小人之俗者。’予謂以用修與此四人伍,究屬不倫。”

鄭堂札記

（清）周中孚　著
秦躍宇　點校

目　録

整理説明

周中孚，生於乾隆三十三年(1768)，卒於道光十一年(1831)，字信之，因推崇鄭玄之學而别字(或説號)鄭堂，浙江湖州府烏程縣(今吴興區)人，其父祖輩曾爲縣吏。周中孚幼有孝行，善力學，《同治湖州府志》記載周中孚"喜博覽，尤邃於考證漢以來説經之事，以紀事纂言爲己任。阮氏《學海堂經解》采其所著入叢鈔，王昶《湖海詩傳》録其詩"。受乾嘉時代樸學學風和江浙文人研讀經史傳統的影響，周中孚邃於目録考證之學，其後睹見《四庫全書總目提要》，視爲治學之途徑，於是遍考諸史《藝文》、《經籍》，以備搜輯古籍。雖然周中孚博聞强識，研讀經史，筆耕不輟，但終其一生與科場無緣。嘉慶元年(1796)，時阮元任浙江學政，周中孚與其弟因學識受知於阮元而被選爲拔貢生。不久阮元再任浙江巡撫，於嘉慶六年(1801)在杭州西湖創立"詁經精舍"，除了自己擔當主講，還聘請了當時名儒王昶教授詞章，孫星衍教授經義，以培養經世致用之人才。詁經精舍注重選拔浙江優秀生員，周中孚亦因之入學讀書，同時參與了阮元主持的《經籍纂詁》的編修工作。該書是一部彙輯唐以前經傳古籍各家注釋編纂而成的大型詞典，作爲解經之工具有助研讀，體現了樸學注重考證的實事求是學風，周中孚由之學習鍛煉形成反對空疏重視考據的治學思想，日後在目録學領域取得了相當成就。

周中孚致力古籍目録考證之學，周游問學，北及燕地，南至嶺南，在京師與常州學派名儒宋翔鳳相交，爲其著書刊正十餘條目，宋翔鳳大爲嘆服。可惜周中孚的經學造詣，未能令其科場金榜題名。這其後數十年間，詁經精舍的同窗們紛紛得意闈場，仕途貴顯，周中孚卻是屢應鄉試不中。朱爲弼曾感嘆周中孚的學識與命運："鄭堂學加邃密，而踪迹亦如萍寄。"[①]周中孚的仕途念想最終絶於道光初年，此試雖文章作得出色，卻又因故被黜。該場同考官爲嘉定錢大昕族子，十分嘆賞周中孚答卷并力薦主考官列名録取，然因主考官見文中多有引用錢大昕《潛研堂集·答問》之語，懷疑别有徇私之嫌，遂棄置副榜第一。

周中孚因道光初年舉爲副貢，懊惱之下再無意仕進，隨後經由時任蘇松太兵備道的龔麗正（龔自珍之父）推薦到上海李筠嘉處，爲其藏書編纂《藏書志》。李筠嘉是清代著名藏書家，嗜搜舊籍，長於校讎，所儲之書計四千七百餘種。周中孚仿照《四庫提要》體例，爲其勘定編成《慈雲樓藏書志》八卷，著録圖書 6000 餘種，前有龔自珍之序，但龔序作年尚有爭議。道光五年（1825）左右，《慈雲樓藏書志》最終成書。因《慈雲樓藏書志》是在嘉慶二十三年（1818）已完成的《古香閣藏書志》基礎之上修訂而成，故併未由周中孚署名。《慈雲樓藏書志》只是以寫本傳世而始終未得刊行，後周中孚在此基礎之上條撮篇目，甄叙卷部，更旁臚其抄槧得失撰成了《鄭堂

① 周延年《慈雲樓藏書志考》，《圖書館季刊》1982 年第六卷第 4 期，第 478 頁。

讀書記》。《鄭堂讀書記》被譽爲“《四庫提要》續編”，民國年間由劉承幹刊刻收入《吴興叢書》。因爲《鄭堂讀書記》、《慈雲樓藏書志》兩書存在諸多相似之處，故亦有論者以爲實際仍是一書，但未能獲學界共識。

道光八年(1828)左右，周中孚復游嶺南，在廣東學政徐士芬幕下爲門客維持生計，參與修撰了端州縣與西寧縣縣志。三年後返歸烏程，不久病卒，享年六十四歲。關於周中孚生平事迹與著述情況，可供參考的主要記載有繆荃孫纂《續碑傳集》卷七十二《儒學二》所收録戴望《外王父周先生述》和湯紀尚《周鄭堂别傳》，馮登府《石經閣文初集》卷四所載《周鄭堂明經傳》，吴興劉承幹爲《鄭堂讀書記》所寫跋語，另外《清史列傳》第六十九卷“周中孚”條亦有簡短記述。

周中孚一生潛心經史，著述頗豐，據記載有《鄭堂讀書記》、《鄭堂札記》、《金石識小録》、《孝經集解》、《逸周書注補正》、《詞苑叢話》、《文録》、《詩録》、《題跋》、《顧職方年譜》、《子書考》等。其中除《鄭堂讀書記》輾轉流傳大致完整，且於民國年間收入《吴興叢書》外，还有光緒年間趙之謙所輯五卷本《鄭堂札記》，收録在《仰視千七百二十九鶴齋叢書》。另外，據日本長澤規矩也編著的《中國版本目録學書籍解題》著録，周中孚還編有《四庫全書存目要略》二十六卷稿本，仿“四庫簡明目録”體例，以“提要”爲主，由經部四卷、史部六卷、子部八卷和集部八卷構成，現存于日本東京都收藏古籍的專門圖書館靜嘉堂文庫。[①] 其餘周中孚的著述全部散佚不存，究

① 參見(日)長澤規矩也編著，梅憲華、郭寶林翻譯《中國版本目録學書籍解題》，書目文獻出版社 1990 年版，第 50 頁。

其原因主要是周中孚身後除有一女之外併無子嗣可以繼承其遺産，于是只得將遺稿與藏書交由其弟周聯奎保存。周中孚殁時，周聯奎尚在山東未歸，其次子不肖，私下將書稿等販售外人牟利，輾轉流入周中孚生前故交朱爲弼手中得以短暫保存，待朱爲弼卒後復又散落不可收拾。《鄭堂讀書記》的流失過程，據劉承幹在此書跋語中說："是編初歸朱椒堂侍郎，稿本百餘册，後歸洪鷺汀觀察，復以歸予。僅存七十一卷，似從椒堂侍郎所藏本傳抄而自有脱佚者，非先生之舊矣。"殘本最後流落到莫友芝的影山草堂時僅存三十四册，後又爲丁日昌持静齋獲取，幸賴劉承幹將手稿刻入《吴興叢書》才得面世。《鄭堂札記》的留存刊刻情况據趙之謙跋語記載，當《鄭堂讀書記》在第二次鴉片戰爭亂後爲人取去不得復見之時，周中孚外孫戴望搜求其遺書僅得《鄭堂札記》五卷，雖歷經患難卻存而未失。同治十一年(1872)，戴望病重離世之前將《札記》手稿交付會稽趙之謙校勘，直至光緒八年(1882)才得付梓刊行。

《鄭堂札記》目前存世流傳最早的刻本，是清光緒八年(1882)會稽趙之謙所輯五卷本，收録在其《仰視千七百二十九鶴齋叢書》中，亦即本書點校選擇的底本。該本後亦被收入《續修四庫全書》"子部·雜家類"第1158册，上海古籍出版社2002年出版。只是通行的《續修四庫全書》本併未收録完整，截止於卷五"梁武帝以文言是文王所制"條的内容之後有四頁文字脱漏，其中包括重要的趙之謙跋語。民國二十六年(1937)商務印書館根據趙之謙《仰視千七百二十九鶴齋叢書》本整理出版《鄭堂札記》，收在王雲五主編的《叢書集成初編》第358册，與鳳應韶纂《讀書瑣記》合刊。此版爲添加句讀的鉛字排印本，以後在大陸與臺灣地區被多次影印出版，如商務印書館1959年10月補印，中華書局1985年出版《叢書集成初編》，臺灣商務印書館1956年據民國《國學基本叢書》本重印。《叢書集成初編》本《鄭堂札記》，内中不乏句讀欠妥之處，需參讀原文辨識，略舉一二如下。卷一"游山詩有時地之異，宜隨時隨地"，誤斷作"游山詩有時地之異宜，隨時隨地"。又卷二"盛侍御符升題王新城尚書《雍益集・總述》'尚書八歲能詩'"，誤斷作"盛侍御符升題王新城尚書雍益集總，述尚書八歲能詩"。又卷三"至謂'文許先秦上，詩卑正始還'，譽過其實，于鱗乃居之不疑"，誤斷作"至謂文許先秦上詩卑，正始還譽過其實，于鱗乃居之不疑"。卷三"虞邱壽王"，誤斷作"虞邱，壽王"。又卷四"力，力行也。誠積力久，久則能入于學也"，誤斷作"力，力行也。誠積力久久則能入于學也"。又卷五"此解文王時作，觀本解及上下解可見"，誤斷作"此解文王時作觀，本解及上下解可見"。其他尚有一些錯字，如卷三"一曰車右騑"，誤作"一曰車石騑"；卷四"王阮亭"誤作"王玩亭"，"項羽本紀"誤作"項羽本記"，"馬季長"誤作"焉季長"等。

《鄭堂讀書記》是周中孚在"遍求諸史《藝文志》，考自漢迄唐存佚各書"基礎之上，仿照《四庫全書總目》經史子集四部分類併就其所見古書寫成提要，間附自己的見解。《鄭堂札記》不同於《鄭堂讀書記》，其主要是周中孚就日常讀書有所心得隨手記録編纂而成。就學術價值而言，雖然《鄭堂讀書記》被譽爲《四庫全書總目提要》的續編，但是《鄭堂札記》考辨内容亦是廣涉四部，所論古籍校勘精審，抄録前人筆記議論縝密，體現出與其目録學造詣一樣嚴謹的治學態度。因爲《鄭堂札記》也是周中孚治學門徑的體現，故今人刊印《鄭堂讀書記》而時有將《鄭堂札記》作爲附録，以便兩書互爲參證，訂補前人缺謬。如臺灣世界書局 2009 年出版《鄭堂讀書記》，便是後附《鄭堂札記》的合刊本。迄今爲止，學界對於《鄭堂札記》一直少有關注，一般只是將其作爲探討《鄭堂讀書記》的參照對象，對其本身的研究仍存在諸多空白。

《鄭堂札記》手稿本已不可得見，趙之謙於光緒年間編輯刊刻的五卷本得之於周中孚外孫戴望，其搜集整理之前的原稿本實際内容應是多於今日所見之條目。今存五卷《鄭堂札記》考辨所涉上自先秦下迄明清，分别有卷一 34 條，卷二 33 條，卷三 39 條，卷四 44 條，卷五 58 條，共計 208 條。其中，考辨的主要對象是經史類問題，另有一些討論集部文學類詩詞創作的條目，以及偶涉子部的學術探討。正如張舜徽先生所言："鄭堂經學甚淺，史部亦非所長，而考論有可取者……皆卓有所見，而確乎不拔者也。"①其立言通正獨具卓識的研究成果，例如卷一論司馬遷著《史記》以項羽爲《本紀》，以秦楚之際爲《月表》，均本自陸賈，後人斷代爲史若沿用則實爲失體，故《漢書》以後不循其轍。又論杜牧作《邕府巡官裴府君墓志》有云"某娶裴氏，實君之私"，在《爾雅・釋親》解釋"女子謂姊妹之夫爲私"，《詩經・衛風》也説"譚公維私"，周中孚指出杜牧以男子借用女子之稱謂，確是泥古而失的明證。又引《左傳》相關記載駁議清代鄭元慶《石柱記箋釋》以"下菰城"爲楚國春申君伐吴屯兵之故地，周中孚以爲春申君距滅吴將近二百年，不可能有所謂伐吴屯駐之事。卷二論

① 張舜徽《清人筆記條辨》卷五，華中師範大學出版社 2004 年版，第28 頁。

《爾雅·釋畜》不應獨闕"彘屬",前《釋獸》"豕子豬"以下三十五字,據其文法分析與《釋畜》篇極相似,故斷定其爲錯簡,以爲可以將此段歸入"羊屬"之下庶成全篇,前後相應殊爲恰當。嚴可均著述也有專門解説,與周中孚意見相合。周中孚指出邢昺疏《爾雅》的失當之處確有現實根據,今本《釋畜》篇統言有"馬牛羊彘狗雞"六畜,但前文分叙只缺了"彘屬"的五種家畜,值得深入探究。卷三特别指出了清代"吴派"考據大家王鳴盛《十七史商榷》觀點疏漏之处。王鳴盛認爲唐代史學家劉知幾雖聰穎淹洽,但所習僅《左氏春秋》、《史記》、《漢書》和《三國志》而已。周中孚辯駁説,其實"自漢中興已降,迄乎皇家實録者,凡三國六朝各史,俱包在内,語甚明晰,乃王氏割併其語,以證其唐以前惟三史、《三國》之説"。周中孚在此條目下,併未另行説明唐代以前所謂"三史"乃是《史記》、《漢書》和《東觀漢記》,而且《東觀漢記》據《隋書·經籍志》著録全書有一百四十三卷,到《舊唐書·經籍志》著録就減少到了一百二十七卷,逮至《宋史·藝文志》著録僅剩八卷,基本散佚殆盡;唐代以後,范曄《後漢書》影響漸大,遂與《史記》、《漢書》併稱"三史"。儘管如此,周中孚駁之"眯目而道黑白",恰可與後世學者評價王鳴盛考辨不如嘉定錢大昕精密深厚相佐證。

《鄭堂札記》的學術價值,主要體現於以上能够有所發明、見解精闢之條目,這是周中孚在其專門致力目録學之外的成就,對於清代學術研究確實有所裨益。當然,辨章學術、考鏡源流的工作對於所有學者來説總會存在疏漏之處,周中孚亦是在所難免。其偶有失誤之處,例如卷二在引述盧文弨《鍾山札記》以《周易》之《序卦傳》即爲六十四卦之目録等之後,周中孚更爲廣之,説《詩經》、《尚書》之序即兩書之目録,併可進而推至《逸周書序》、《太玄經・玄衝》也可算是各書之目録。對於以目録學成就聞名學界的周中孚而言,這種認識似乎失於武斷。又如卷四周中孚立論以爲凡著録金石之書,即便内容無涉“金”文亦可題名統稱“金石”,併舉秦代《琅邪臺石刻》與《泰山石刻》有先例稱作“金石刻”。其認爲後世學者研究金文或石文的著述可以泛泛統稱“金石”,乃是一般不甚嚴謹的通識,提法本身雖可自圓其説,只是所舉秦代例證有失妥當。因爲,秦代既有勒石記功的碑文石刻,也有爲統一度量衡而刻之權量器物之金刻,故有合稱“金石刻”,以之規範後世單獨研究金文或石文的著作命名甚是勉強。這些失誤正如《鄭堂讀書記》中存在的相似瑕疵,不影響評判其書整體的學術價值,猶如《續修四庫全書總目提要》所言“瑕不掩瑜,小疵可不論也”。

卷 一

烏程周中孚信之著

1.1 《日知録》十九曰:"孔門弟子不過四科,自宋以下之爲學者,則有五科,曰'語録科'。"案,語録科近人恥不復爲,而仍添一科曰"考證科"。然考證之原,出于《禮記》、《爾雅》,尤尚修辭立誠之功,斯即目之爲"文學"之科,亦無不可。或漫將詩古文辭當四科之"文學",見王道思《荆川集序》。則程子曾言游、夏所謂"文學",固非秉筆學爲詞章者,願當世才華之士勿輕詆焉。

1.2 漢興,大中大夫陸賈紀録時功,作《楚漢春秋》。見《後漢書·班彪傳》。史遷以項羽爲《本紀》,秦楚之際爲《月表》,實本于陸賈也。然在《史記》則可,若斷代爲史,便爲失體,所以《漢書》不循其轍,而後人修史,亦無此種紀、表。

1.3 天下之水河爲大,古今之書經爲重,故言水利者曰"河渠志",簿録者曰"經籍"。孟堅摘《論語》中字,改"河渠"爲"溝洫",實不足以盡其義,後人竟不從之。若"藝文"即"經籍"之異稱,《舊唐志》稱"經籍",《新唐》改爲"藝文",《通志略》稱"藝文",《通考》改爲"經籍",《宋史》仍復爲"藝文",至皇朝敕撰《明史》,亦不改。

1.4　前人編集，好采取自著大部書中之成篇者，别立題目，羅列其間，以張大卷帙，即如《曝書亭集》重出《經義考》、《日下舊聞》諸書案語及《静志居詩話》之類。鄙意雅所弗尚，寧使文集之一覽易盡，不使著作之兩處互見也，或有改定，亦宜别記。嚴久能曰："王文簡著述，其復見者較多於竹垞，鄙意亦嘗疑之。"

1.5　或問：王、孟詩如何？予曰："王詩秀，孟詩清。杜少陵《解悶》詩，于右丞則曰'最傳秀句寰區滿'，于襄陽則曰'清詩句句盡堪傳'。詩史品題，千古定論。"

1.6　《説苑》載《越人歌》一章，詞采聲調，宛然楚《騷》，故朱子録入《楚詞後語》。王阮亭《古詩選》，獨删存"山有木兮木有枝，心説君兮君不知"二句，竊所未喻。

1.7　杜牧之注《孫子》，《序》引子貢曰："文武之道，未墜於地，在人。賢者識其大者、遠者，不賢者識其小者、近者。"案，《左氏·襄卅一年傳》云："吾聞君子務知大者、遠者，小人務知小者、近者。"杜氏一時誤涉，故多"遠者"、"近者"四字，未可據以添《論語》本文也。

1.8　《史通·正史》篇于《隋志》則云："雖編入《隋書》，其實别行，俗呼爲'五代史志'。"近人援引《隋志》，輒曰"五代史某志"，以駭人觀聽，蓋不知反襲唐之俗稱耳。

1.9　太白云："自從建安來，綺麗不足珍。"《古風》。昌黎云："齊梁及陳隋，衆作等蟬噪。"《薦士》。二公俱有鄙棄六朝之意，獨少陵不然，一則曰"清新庾開府，俊逸鮑參軍"，《春日懷李白》。再則曰"熟知二謝將能事，頗學陰何苦用心"。《解悶》。嚴滄浪謂少陵憲章漢魏，而取材于六朝，可稱知言。嚴久能曰："鄙意謂太白、昌黎詩亦自六朝出，此云云者，英雄欺人語耳。少陵云'李侯有佳句,往往似陰鏗',亦以六朝許之。"

1.10　《元祐黨籍碑》司馬温公、文潞公爲冠,蓋以二公併時爲宰相也。漁洋《過潞公墓》"姓名留冠黨人碑"句,本極自然,歸愚選國朝詩,録及王作,易"冠"爲"重",句便不響,當以原本爲是。

1.11　趙秋谷《聲調譜》,學詩之規矩也。舍此學詩,是偭規裂矩,巧何從生？或以爲熟讀古人名作,亦可與聲調吻合,其言誠是,然何如此譜之易從有功也？馮侍御浩曰:"秋谷《聲調譜》之作,固學詩者不可廢,而古今詩家亦非譜之所能囿也。"見《玉溪生詩箋注》三《齊梁晴雲》下。此真持平之論,實獲我心。嚴久能曰:"許積卿極不以《聲調譜》爲是,元照曾切論之。"

1.12　游山詩有時地之異,宜隨時隨地設色布景,否者皆陳言也。郭熙《記》云:"春山淡冶而如笑,夏山蒼翠而如滴,秋山明淨而如妝,冬山慘淡而如睡。"此時之異也。鞏氏《耳目志》云:"海山微茫而隱見,江山嚴厲而峭卓,溪山窈窕而幽深,塞山童頳而堆阜。"此地之異也。兩書所言,雖非爲作詩者説法,然求其細意熨貼,亦不外此數語。

1.13　北齊祖孝徵《望海》云"雲島相接連,風潮無極已"下,接云"時看遠鴻度,乍見驚鷗起",景界低小極矣,即"雲島"一聯,已萬不及晚唐周繇"島間知有國,波外恐無天"也。漁洋選入《古詩》,殊爲未當。祖詩只四韻,所舉乃中二聯也。

1.14　今人文字中稱謂,動遵古法,而于門下士則稱曰"某生"。案,《漢書·貢禹傳》:"天子報禹曰:'朕以生有伯夷之廉,史魚之直。'"師古曰:"生,謂先生也。"然則"生"者,尊稱也。若依他例,亦不得稱。總之,稱謂當隨時而斟酌之,不得太泥古法。

1.15 稱謂有泥古而失之者，如杜牧之《邕府巡官裴府君墓志》云："某娶裴氏，實君之私。"案，《尔雅·釋親》"女子謂姊妹之夫爲私"，故《衛風》云："譚公維私。"今牧之以男子借用女子之稱謂，豈不泥古而失之乎？若作"實君之姊婿"或"妹婿"，便是文從字順，各適職矣。

1.16 《太史公自序》載其父談《論六家要指》，前總言陰陽、儒、墨、名、法、道德，後言兩道家，不稱"道德"。案，道家宗老子，老子有《道德經》，故前總言處可連稱"道德"，以均句法，後只言"道家"，乃正稱，非省文也。

1.17 鄭氏《石柱記箋釋》三于"衡山"下，歷引《郡國志》、《海録》、《史記》諸書春申君事，以爲"下菰城"者，或春申君伐吴屯駐之處。中孚案，《左傳·襄三年》"楚子重伐吴"，《哀十五年》"楚子西、子期伐吴"，或有時在下菰城屯駐未可知。若春申君上距吴滅將二百載，吴滅在魯哀廿二年。安得有伐吴屯駐之事？此其誤之顯然者也。方杲初曰："哀十五年伐吴之子西，名申，恐鄭氏因'申'字誤涉，遂併爲春申君事耳。"

1.18 昌黎《讀〈荀子〉》篇云"《荀》與《揚》大醇而小疵"，而于《原道》則曰"《荀》與《揚》也，擇焉而不精，語焉而不詳"。夫擇不精，語不詳，何大醇小疵之有？此其言之自相矛盾也。以予論之，《荀子》大醇而小疵，《揚子》擇不精而語不詳。杜牧之有《三子言性辨》，謂孟、荀、揚三子。且獨贊《荀子》矣。

1.19 孔子學官于郯子，學琴于師襄，問禮于老聃，訪樂于萇宏，人皆謂夫子之所師如此，其實非七十子之從夫子比也。昌黎《師説》本欲世人從師如七十子從夫子，乃反引孔子師郯子、萇宏、師襄、老聃及"三人行，必有我師"之言。夫此種師法，人皆如此，亦何待言？昌黎不過欲以取證"弟子不必不如師,師不必賢于弟子”兩語,而不覺其反説不通也。

1.20 《四書釋地又續》于“往送之門”解云:“門即父母家之門,非女子所適婿家之門。今人只緣俗有母送女至婿家禮,遂認作婿門。”予謂“今人只緣”句讀不明,遂有此誤認。蓋“往”字一讀,即下“往之女家”之“往”,謂女臨去之時也。“送之門”一讀,婦人迎送不出門,内言不出于梱。“送之門”,謂送之于内寢之門也。閻氏亦不明句讀,故于“往”字不著解,而且拘泥“門”之一字,反引《儀禮》以證《孟子》言禮多主大綱,不暇及詳,且疑爲鄒之昏禮,皆臆説也。

1.21 唐人稱應試之賦爲“甲賦”,蓋因令甲所頒,故有此稱,以别于居恒所作古賦。皇甫持正所謂:“即爲甲賦,不得不作聲病文也。”見《答李生弟二書》。或以《文選》弟一卷首有“賦甲”二字,故倒其字稱“甲賦”。案,李善注:“賦甲者,舊題甲乙,所以紀卷先後。今卷既改,故甲乙併除,存其首題,以明舊式。”或説非也。

1.22 專論四六之書,自宋王銍《四六話》二卷、謝伋《四六談塵》一卷、洪邁《四六叢談》一卷外,絶不經見。吾鄉孫同守梅著《四六叢話》三十二卷,分門别類,博采群書,洋洋乎大觀哉。同守卒後數年,爲儀徵阮學使元刊行。學使係同守丙午分校所得士,通儒出于門下,可爲著述增光。

1.23 《漢·藝文志》“《孔子三朝》七篇”,師古曰:“今《大戴》有其一篇,“一”當作“七”。蓋孔子對魯哀公語也。三朝見公,故曰‘三朝’。”王氏考證,歷引劉向《别録》、《蜀志》秦宓語及裴松之注引《中經簿》,併注明《千乘》、《四代》、《虞戴德》、《誥志》、《小辨》、《用兵》、《少間》七篇名目,詳哉其言之矣。乃《經義考》于“《論語》”門雖存其目,而于諸家之説絶不采録，反注一"佚"字，再檢"《大戴禮記》"條下，則《别録》一則已爲輯入。入此出彼，深所不解。

1.24 《唐·藝文志》"釋氏"類有那提《時文釋鈔》四卷。"時文"之目，始見于此，特未知其何所取義也。

1.25 遼制，國人著作，不得傳于鄰境，故五京兵燹，蕩然無存。倪氏燦補作《遼金元藝文志》，不過虚列書目已耳，中惟釋行均《龍龕手鏡》四卷、耶律純《星命揔括》三卷著録于《七閣書目》。然《星命揔括》原本久佚，今從《永樂大典》録出，較之《補志》五卷之數，終佚二卷，不則分卷有異同。"揔括"，《補志》作"秘訣"，或一書兩名，未可知也。嚴厚民曰："《菉竹堂書目》作'《星命揔括》五册'。"

1.26 《關中金石記》四云："唐時有兩《一切經音義》，僧元應所著者，爲釋書音義；史崇所著者，爲道書音義。兩書引據多古書，雖爲二氏之學，其博雅猶不遜陸德明《經典釋文》。予每欲合而刊之，以供同好也。"案，元應《音義》，見有武進莊氏校刊本。史崇，乃唐代道士。宋陳景元《上清大洞真經玉訣音義》引《一切經音義》，即史崇之書也。其書今無刊本，近人亦無有援引及之。據畢尚書所言，其書尚存，弟五卷亦舉及兩《一切經音義》與陸氏《釋文》等書，總稱曰"具在"。惜無有取《道藏》本而校刊之矣。嚴久能曰："秋帆尚書曾有意刊史崇之書，會歿而不果。"

1.27 《宋鑑》："端平元年，太常少卿兼侍講徐僑奏：'《論語》一書，先聖格言，乞以《魯經》爲名，升爲早講。'從之。"案，《論語》之名甚古，何必作此變更？況"魯"爲國名，豈足以概仲尼微言？《春秋》本魯國之史，尚不可改爲《魯經》，施之《論語》，尤爲失當。後惟王氏柏有《魯經章句》，他人莫之從也。至近代《朱竹垞集》中，猶沿此名，難乎免于弔詭之譏矣。

1.28　《史通·探賾》篇云："習鑿齒之撰《漢晋春秋》，以魏爲僞國者，此蓋定邪正之途，明順逆之理耳。"杭氏《諸史然疑》"《三國志》"條引之，"魏"誤作"劉"，遂謂"審若所言，則鑿齒似未嘗帝蜀者"。夫書名"漢晋春秋"，其以魏爲僞國可知，況自來刊本未嘗譌作"劉"字，杭氏偶爾誤記，容或有之。然于其上所考，謂"《漢晋春秋》獨以蜀漢爲正，習是襄陽人，其以正統予蜀，猶有不忘故主之意"云云，自相背謬，則不可解耳。嚴厚民曰："案，《諸史然疑》乃秦亭老民未成之書，偶有此誤，亦知者之一失。"

1.29　楊氏《丹鉛□録》謂《漢·藝文志》所列"儒家者流"，非所謂君子儒也，其以"藝文"名，猶曰"文藝末也"云爾。案，儒家類，晏子、子思、曾子、漆雕子、宓子、魏文侯、公孫尼子、孟子、孫卿子、賈山、賈誼、河間獻王、董仲舒、兒寬、劉向，諸家俱在其中，尚得謂非君子儒乎？至"文藝末也"，出于《周子通書》，上有"道德本也"句，所謂"文藝"，指辭章言之，與《漢志》名目迥别。《志》之"藝"字，本指"六藝"文字，則併諸子、詩賦、兵法、數術、方技，盡已在内，亦非只屬辭章。洵若楊氏所云，則將舍"六藝"而言"道德"，且驅古今一切之書，俱以"文藝之末"概之矣。甚矣，其顛也！

1.30　《楚詞·大招》"伏羲《駕辯》兮"，王逸注曰："伏羲作瑟，造《駕辯》之曲。"又劉淵林注左思《吴都賦》"或超《延露》而《駕辯》"云："伏羲作琴，始造此曲。"《玉海》一百十、《路史·後紀一》引併同。案，《世本》"伏羲作瑟，神農作琴"，劉注誤以"瑟"爲"琴"，而羅、王兩家俱仍之不改，非也。又案，上古結繩而治，其時未有書契，《駕辯》之曲，當屬有聲無辭，如《南陔》、《白華》之類耳。明梅氏鷟自序《古易考原》，誤稱王逸注云“《駕辯》，伏羲書名”，引以證伏羲時即有文字，何其不檢至此？

1.31　徐氏善《春秋地名考》于“召公封國”注：“從《帝王世紀》，以爲文王庶子。據朱竹垞《報徐敬可處士書》，甚以爲非。竹垞之説是也。然以召公爲文王子，不始于皇甫謐也。”案，《白虎通・王者不臣》篇云“召公，文王子也”，《論衡・氣壽》篇云“召公，周公之兄”，此皆謐之所本，宜併存其説而駁正之者也。

1.32　高氏《子略》三“《戰國策》”條首云：“班固稱太史公取《戰國策》、《楚漢春秋》、陸賈《新語》作《史記》，三書者一經太史公采擇，後之人遂以爲天下奇書。”此下將《戰國策》辨駁後又云：“況于《楚漢春秋》、陸賈《新語》乎？三書紀載，殊無奇耳，然則太史公獨何有取于此？夫載戰國、楚漢之事，舍三書他無可考者，太史公所以加之采擇者在此乎？”中孚案，《漢書・遷傳》贊只云“據《左氏》、《國語》，采《世本》、《戰國策》，述《楚漢春秋》”，不曾數及《新語》，高氏頻言“三書”，其誤已甚。況《新語》一書，《漢志》著録在儒家，繹其文，絶非《戰國策》、《楚漢春秋》之類，且亦不見有爲太史公所采擇者，何得相提而併論乎？予于《子書考》“縱横家《戰國策》”下全采高氏此條，竟將兩“陸賈《新語》”删去，“三書”俱改作“二書”，免滋學者之惑。

1.33　《關中金石記》二載《昭仁寺碑》貞觀四年十月立，當列在《邕禪師舍利塔銘》之前，貞觀五年十一月立。年月方順，今厠于《右僕射虞公温彦博碑》之後，十一年十月立。蓋因温碑下有“彦博以貞觀四年”云云致誤。

1.34 《關中金石記》五《復唯識廨院記》宋皇祐三年立，黄庶撰文，□□元正書。跋云：“碑書或正、或行、或草，或兼篆、籀、分、隸，奇怪遒偉，莫名一器。余所見隋開皇時曹永恪修《陳思王廟碑》亦如是，後世無人敢效之矣。”案，此碑所書，又與後魏《李仲琁修孔子廟碑》併陰相同。見《金石文字記》二。亭林先生曰：“其文一行之中有篆，有分，有隸，有草，雜亂無倫，而或者以爲奇，然則作詩者亦當一句《騷》、一句漢魏、一句《選》、一句律而後爲奇也？此愚之所不解也。”亭林之言如此，而畢尚書則稱許不置，雖人之所見不同，終未免好奇之過，所刊惠徵君《明堂大道録》及《禘説》，正書參以古體，一字而有數樣寫法，係徵君自書。豈非此種碑文爲之作俑哉？

卷二

烏程周中孚信之著

2.1 《論語》“父母唯其疾之憂”,《集解》引馬氏曰:“言孝子不妄爲非,唯有疾病,然後使父母之憂耳。”自來解《論語》者多從之,竊以爲未安也。前後三章言孝,俱貼著人子説,而此章獨離開人子説,聖人垂訓必不若是之深刻。考之《淮南子·説林訓》云“憂父之疾者子,治之者醫”,高誘注云:“《論語》曰‘父母唯其疾之憂’,故曰憂之者子。”《論衡·問孔》篇云“武伯善憂父母,故曰‘惟其疾之憂’”,又云憂親之疾,凡爲人子皆然,烏足云孝?豈“無違”與敬與色俱非,凡爲人子皆然者乎?武伯憂親,然則“疾”當屬父母,“憂”當屬子爲解。“父母”二字當讀斷,方不迂曲。或謂《禮記·文王世子》首三節,的是此章之義疏,誠如或説,則文王、武王之事,亦不足爲異矣。嚴久能曰:“鄙著亦引高注,以備一解,但與馬注相較,義似淺近,恐未可以馬爲非。”

2.2 《論語》“吾黨有直躬者”,《釋文》曰:“鄭本作‘弓’,云直人名弓。”案,《説文·呂部》:“躳,或從躬。”鄭作“弓”者,省文耳,且字本相通,故《後漢書·陳寔傳》、《文選·陳太邱碑文》併作“字仲弓”,《隸釋》所載碑文則作“字仲躬”也。“直躬"云者，蓋以善加名上，猶之盜跖以惡加名上，古人稱謂如此，不足爲異。況有《韓非》、《吕覽》、《淮南》之文，高誘之注，爲鄭氏之所依據，足徵孔氏訓"躬"爲"身"之非矣。盧氏《論語音義考證》、陳氏《論語古訓》所載，此不博引。嚴厚民曰："以善加名之説，確不可易。"〇《廣韻·二十四職》："直，姓，楚人直弓之後。"《姓氏急就篇》"直友諒"，注作"直氏，楚人直躬之後"。偶憶附識。

2.3 《大戴記·投壺》所載"史辟、史義、史見、史童、史謗、史賓、拾聲、叡挾"，即八篇廢不可歌之目也，《經義考》"逸經"門絶不著録，豈所謂"掎摭星宿遺羲娥"者與？

2.4 《大戴記·曾子本孝》云："故孝子之事親也，居易以俟命，不興險行以徼幸。孝子游之，暴人違之。"案，孝子，即《中庸》所謂君子也；暴人，即《中庸》所謂小人也。子思是曾子弟子，故有此相似之言。

2.5 《晉書·地理志·總叙》于劉璋、孫策所置郡，即統于蜀先主、吴大帝下，誠以璋、策割據之郡，不可列在漢末，若别爲序次，又嫌詞費，且其地俱爲蜀、吴之所有，因歸之先主、大帝所置，亦未爲不是也。璋、策之傳，亦分冠《蜀》、《吴》各志。畢氏新補正本以爲誤，似未諳史家立言之妙。

2.6 《晉書·潘岳傳》載岳美姿容，少時，常挾彈出洛陽道，婦人遇之者，皆連手縈繞，投之以果，滿車而歸。或謂此蓋岳小年時，婦人愛其秀異，縈手贈果，要必非成童以上也；婦人亦不定是少艾，況在大道上？中孚案，男女授受不親，禮也，史云"少時"，何見得非成童以上？至遇之者皆連手縈繞，投果滿車，則婦人亦衆矣，豈竟無少艾相慕者乎？史臣以挾彈盈果與望塵趨貴併論，正譏其人之自少至壯，無一善狀。以爲不倫，非也。

2.7 《史通·六家》篇云："晉廣陵相孔衍，删漢、魏諸史，定以篇弟，纂成一家，由是有《漢尚書》、《後漢尚書》、《漢魏尚書》。"浦氏《通釋》以《漢魏尚書》之"漢"字爲衍文，是也。至盧氏《群書拾補》中有校正本，則曰："'漢'指蜀漢，非衍字也。"中孚案，晋人如陳氏《三國志》，則陽尊魏而陰夷于吴、蜀之列，習氏《漢晋春秋》則顯斥魏而獨尊蜀漢之統。此外著作，如王沈、魚豢、孫盛、郭頒諸家，惟知有魏而已。孔氏之書，殆猶此例，即或欲載蜀事，亦必附入《後漢尚書》，斷無取冠曹魏，獨遺孫吴之理。故當仍以《通釋》爲確。《唐·藝文志》作《後魏尚書》，《通釋》又以"後"字爲衍文，亦是。

2.8 盧氏《群書拾補》中《新序》逸篇有"周昌者沛人"一條，從《太平御覽》七百四十録出，前後重載，字句俱同。惟前于"臣則知其不可也"句"則"字下注云"疑當作'期期'"，後則竟作"臣期期知其不可也"，爲稍異耳。

2.9 《韓非子》在《漢》、《隋》、《唐》、《宋》諸《志》中，俱只稱"韓子"。近著書家引《韓子》，必有"非"字，以爲恐與"昌黎"相混。夫《昌黎》係文集，非子書也，後人選韓文者，謬稱爲"子"耳。此稱仍還之"非"爲是。

2.10 凡詩集中載他人贈倡之作，當列于本人答和詩之前；他人答和詩之作，當附于本人贈倡詩之後，題目亦不得改削，唐人集皆如此。今人則一概附後，併將題目删繁就簡，如"贈詩"、"答詩"，"原倡"、"和作"之類。非古法也。

2.11 《爾雅·釋畜》不應獨闕"彘屬"，前《釋獸·寓屬》"豕子猪"以下三十五字，邢氏疏云："此辯豕之種類也。"案，其文法與《釋畜》篇極相似，其爲錯簡無疑。試以此段歸入"羊屬"之下，庶成全篇，且于篇末"彘五尺爲豟"句，亦前後相應矣。嚴久能曰:"此説極是,鄙著亦有一條與尊説相合。《左傳·昭廿五》正義云:'豕有野豕,故因記之于《釋獸》耳。'元照案,'馬屬'明有野馬,'牛屬'之犘牛、犩牛,亦皆野牛,非家養者,何不記于《釋獸》乎?且《爾雅》未嘗有野豕。孔氏此説,兩無當矣。"

2.12 《左氏·莊卅二年傳》"而以夫人言許之",杜解云:"許以爲夫人",顧氏《補正》則曰:"以'夫人言'爲句,公語以立之爲夫人也。'許之',孟任許公也。"案,此句對上"從之"二字,下"割臂盟公"句對上"閟"字,孟任許公,盡此四字中。此左氏文法尚簡之故。若如顧氏讀法,則必于"割臂盟公"下再綴數語,方盡當日情事。仍以杜解爲確。

2.13 《史記·太史公自序》云:"屈原放逐,著《離騷》。"又云:"作辭以諷諫,連類以爭義,《離騷》有之。"《漢書·遷傳》載《報任安書》亦云:"屈原放逐,乃賦《離騷》。"皆舉首篇,以統號其全書也,與《屈原傳》累言《離騷》單指首篇者不同。《離騷》諸篇,本即賦之最先,故可稱賦傳。又云:"乃作《懷沙》之賦。"《懷沙》,即《九章》之一也。《漢·藝文志》"詩賦"家有屈原賦二十五篇,總序之曰:"楚臣屈原,離讒憂國,作賦以風。"《賈誼傳》曰:"屈原被讒放逐,作《離騷》賦。"《揚雄傳》贊曰:"賦莫深于《離騷》,反而廣之。"皆足爲證。至王逸編《楚詞》,且尊首篇爲經;《昭明文選》又别立"騷"一門,反在詩賦之後,皆非也。《原傳》贊曰:"予讀《離騷》、《天問》、《招魂》、《哀郢》,悲其志。"因知《招魂》乃原作也,若屬宋玉所作,史公必不與諸篇併舉,而曰"悲其志"也。王逸云:"《大招》者,屈原之所作也,或曰景差,疑不能明焉。"夫既指實原作,是矣,乃復作"或曰"之辭,在逸亦不竟以爲差作也。雖《原傳》有曰"楚有宋玉、唐勒、景差之徒者,皆好辭而以賦見稱",

然以《漢志》賦七十八家,獨無景差之賦,若《大招》是差作,孟堅豈有不載之理? 總之,《招魂》、《大招》俱當歸之屈原。倘謂恐逾《漢志》之數,則以《九歌》當九篇,其數仍符也。蔣氏驥《楚詞餘論》言之備矣。

2.14 《史通·題目》篇云:“夫名以定體,爲實之賓,苟失其途,有乖至理。案,吕、陸二氏,各著一書,唯次篇章,不繫時月。此乃子書雜記,而皆號曰‘春秋’,考名責實,奚其爽與。”中孚案,《楚漢春秋》,《漢志》列在春秋家,司馬貞以爲記項氏與漢高初起及惠、文間事。《史記·陸賈傳》索隱。今雖已佚,當劉氏時,其書尚存,顔師古注《漢書》、李善注《文選》及《太平御覽》俱引之。何得與《吕氏春秋》併目爲子書雜記? 豈因《新語》而誤涉與?

2.15 《論語》“願車馬衣輕裘”,錢詹事《金石文跋尾續》三根據群書,以證本文之無“輕”字,確不可易。《白虎通》盧校本于《三綱五紀》篇所引尚存“輕”字,當依詹事刊去。

2.16 《世説·言語》篇:“謝太傅寒雪日内集,與兒女講論文義。俄而雪驟,公欣然曰:‘白雪紛紛何所似?’兄子胡兒曰:‘撒鹽空中差可擬。’兄女曰:‘未若柳絮因風起。’公大笑樂。”王文簡甄録其句入《古詩選》,以爲咏雪聯句。案,聯句詩前人皆謂起于《柏梁》,但詩本出《三秦記》,觀《日知録》廿一所考,的是後人擬作,然則當以“咏雪”一章爲聯句之始矣。

2.17 《世説·排調》篇:“王子猷詣謝公,謝曰:‘云何七言詩?’子猷承問,答曰:‘昂昂若千里之駒,泛泛若水中之鳧。’”其實古今人七言,從無此種句法,子猷所舉,不過一時口給,不可爲典要。顧寧人謂《招魂》、《大招》去其“些”、“只”,即是七言,得之矣。

2.18 《郡齋讀書志》二上"《哲宗新實録》"條載,紹興四年三月壬子,太上皇帝顧謂宰臣朱勝非等曰:"神宗、哲宗兩朝史録,事實多誣,非所以傳信後世,當重别修定。著《唐鑑》范祖禹有子名沖者,已有召命,可促來,令兼史事。"案,祖禹在元祐間曾任諫官,高宗舍其官職而舉其著作,以表其子之有家學,且可想見身後之榮不在官職,而在著作也。

2.19 盛侍御符升題王新城尚書《雍益集總述》"尚書八歲能詩,伯氏西樵授以王、裴詩法",而尚書《香祖筆記》云:"唐人五言絶句,往往入禪,有得意忘言之妙,與淨名默然、達磨得髓同一關捩。觀王、裴《輞川集》及祖咏《終南殘雪》詩,雖鈍根初機,亦能頓悟。"案,《輞川集》四十首,最宜啓迪初學,故尚書即以幼時所受者標舉于人。所撰《唐賢三昧集》,于王、裴諸體詩大有取棄,獨是集,王則選十五首,裴則選十一首,其嘉惠後學之盛心,固昭然于簡策中也。

2.20 竹垞先生所著《靜志居詩話》,分載于《明詩綜》者,品題平正,考證精詳,而行文亦復疏暢。因思《詩話》當及歷代,恐不僅此,及考諸家文集筆記,併楊未孩所撰《竹垞詩注》、《年譜》,凡所引用《詩話》,無有逸出于《詩綜》外者,于是知《詩綜》所載一千四百二十餘則,即爲《詩話》之全書無疑。蓋本爲明詩而作,故即依次附載,不更有單行刊本也。世人苦《詩綜》太繁,家不能有其書,即有亦不能遍觀而盡識,顧取朱笠亭《明人詩鈔》,以爲讀明詩之善本,孰知其所自爲説,大都剿取《靜志居詩話》,而或改换其起訖,或節芟其典核者,試取《詩綜》而覆閲之,始可以發其覆矣。凡《詩綜》附載《詩話》,于每卷首條冠以"靜志居"字樣,已後只稱"詩話",自首卷以訖末卷,無不皆然。嘉興李稻塍與其族弟集編次《梅會詩選》,凡明季國初諸家見録于《詩綜》而有《詩話》者,盡行采入,遇有標明"静志居"者,則稱《静志居詩話》,只稱"詩話"者,則稱《明詩綜詩話》,可謂觀書眼如豆。

2.21　甲寅夏秋,予從《詩綜》内録出《静志居詩話》,分爲二十二卷,自爲之序。初意擬呈盧抱經學士,刊入《群書拾補二編》。冬間遭先王母之喪,無暇及此。次年,復屏居荒江寂寞之濱,此本久藏弆篋中,亦無有前此之設想矣。其冬,學士棄世。越四年,《文集》刊成,見有《静志居詩話序》,知學士已于丙申年編録此書,亦分爲二十二卷,不約而同,咄咄怪事。惟學士不免有所删削,予則隻字不遺,遇有乖礙處,輒作按語以申明之。其與《文集》重出者,併考其異同詳略,則稍與學士不同耳。近聞學士底本爲海寧吴槎客騫取以刊行,真盛舉也。

2.22　閑考《少陵全集》,中有詩及杜位者五首,其《杜位宅詩守歲》有云"守歲阿戎家",其《送蜀州柏二别駕因示從弟行軍司馬位》詩有云"與報惠連詩不惜",其《乘雨入行軍六弟宅》詩有云"令弟雄軍佐",則位乃少陵從弟明矣。又少陵《示從孫濟》詩有云"且復尋諸孫,諸孫貧無事",蓋明言濟爲從孫也。《唐書·宰相世系表》則以少陵爲征南十三代,此本少陵《祭遠祖當陽君文》,卻不錯。位與濟爲征南十四代。群季俊秀,下夷從子之列,老孫質樸,上躋族祖之班,抵牾如此,不若從《集》之爲得也。昌黎之從孫滂,《世系表》謂滂爲竇雞丞,考之《集》中,有《韓滂墓志銘》、《祭滂文》,併無爲竇雞丞之事,此亦誤之一證。

2.23　江氏《尚書集注音疏》通部俱作小篆,字法參用别體,卻不全本《説文》,所據《説文》,只大徐本,不覺其誤。至書刊成後,段懋堂大令以《繫傳》教示之,方識一條于卷末。

然則江氏字學不甚精核，故畢秋帆尚書于其欲將《釋名疏證》篆書付刻，竟不從之，見《疏證》自序。後再四相請，姑許其別書一本刊行焉。見《篆書疏證》自序。嚴久能曰："江刻《補誼》，于《白虎通》斥抱經先生爲'妄庸子'，亦過也。"

2.24 《經義考》原闕"宣講"、"立學"、"家學"、"自叙"四門。竊意"宣講"、"立學"兩門，當如鏤版著録之例，采摭史書而成。"家學"門當屬著録祖父及同族之書，于全部獨闕此類知之。"自序"門當屬叙述編撰體例及序，于卷首無自序凡例知之。竹垞有《寄禮部韓尚書書》，備述著作崖略，將"家學"二字越在承師之上，人俱疑"家學"門爲序次古人祖父子孫授受原流而設矣，殊不知"承師"門内已叙及之。"承"之一字，正指此類。惟于"門人"條有子思與其列，而七十二賢人後獨不及伯魚，此乃竹垞疏漏處。

2.25 陶靖節詩只百餘首，有唐王、孟、儲、韋、柳諸公，得其一體，無不名家，可知好詩不貴多也。

2.26 《隨園詩話》有一條云："顧亭林讀書未見鄭夾漈，交友不交毛西河，亦奇。"案，西河之交與否，一時無從取證，獨所言未見夾漈者，殆以著述中不引及耳。亭林著書滿家，豈有不引及夾漈之理？即如《顧氏譜系考》《遺書》之八。寥寥無幾，開卷即引《通志・氏族略》，而可謂未見夾漈乎？然則不交西河之説，亦未足深信也。

2.27 盧學士《鍾山札記》四以《易》之《序卦傳》即六十四卦之目録，《太史公自序》、班固之《叙傳》即《史》、《漢》之目録，如《淮南》之《要略》，《法言》之十三篇《序》皆然。中孚更爲廣之曰："《隋書・經籍志》于《簿録》篇云：'孔子删《書》，别爲之序，各陳作者所由，韓、毛二《詩》，亦皆相類。'然則《詩》、

《書》之序，即《詩》、《書》之目録也，推而至于《逸周書序》、《太玄經・玄衡》，何莫非各書之目録也？”

2.28 明何楷作《毛詩世本古義》，取《南》、《風》、《雅》、《頌》四詩，穿鑿傅會，强分時代，以爲合于孟子所云誦其詩，論其世，此非特翻《小序》之案，更翻魯《論》之案矣。如何氏者，誠經中之蝨螣也，同時諸人謬相推許，固無足怪，以竹垞之博雅，且謂其書亦有足取，恐不免賢知之過。

2.29 《吴越備史》載，咸通中京師有望氣者，言錢唐有王氣，乃遣侍御史許渾齎璧來瘞秦望山之腹以厭之。又郭璞撰《臨安志》云：“天目山前兩乳長，龍飛鳳舞到錢唐。海門山起横爲案，五百年生異姓王。”至是果驗。案，“天目山前”四句，宛然七絶，晋人何得有此風格？其爲後人僞造無疑。況吴越臣事中朝，不過夜郎自大耳，亦未必有王氣。《備史》所載，出于錢氏子孫張大乃祖之事，有識者無爲所惑也。

2.30 鄭芷畦《湖録》一百二十卷，已刊者只列傳二卷，首載陳高祖、世祖、廢帝、高宗、後主五君，俱因舊史文綴集其一朝之端卒，而不詳及在位時事，不知其例何居？且正史皆編之爲紀，此獨夷于列傳，豈一郡之志反大于一朝之史乎？芷畦自詡以史爲志，恐兩無所當矣。

2.31 《五經圖》十二卷，刊本。明侍郎廬江盧謙輯，係謙官信州時得石本以歸，授其邑令章甫更爲版行。見《浙江采集遺書總録》。《經義考》“群經”門闕載，當補入。

2.32 《群書拾補》所載《山海經圖贊》二百五十九章，《補遺》四十四章，無論題之多寡，俱以四言六句括之，獨《補遺》中鱳魚、飛魚、焦堯、菊四章，只作四句，恐屬脱落。盧學士言：“後有刻《山海經》者，必併刻此，方成全書。”中孚案，諸贊併多失次，宜依經文細爲詮序。

2.33 《陔餘叢考》九“《隋志》應移《南》、《北史》之後”云：“既曰《隋書》，而紀傳專記隋事，制度兼及四朝，名實殊不相稱。”案，《漢志》遠及三代，《宋志》上括魏、晋，《隋志》因《梁》、《陳》、《齊》、《周》無《志》，故兼及之，亦猶《漢》、《宋》之《志》云爾，何得謂名實不相稱邪？又云：“是《南》、《北史》之無《志》，既屬缺典，而《隋書》之兼志前代，又多贅詞，似應以《隋書》各《志》移于《南》、《北史》之後，以成完書。”信若斯言，尚偏而不全，當更以《宋》、《齊》、《北魏》三史之《志》，移于《南》、《北史》之後，方成八代完書矣。如此評史，真強作解事也。

卷 三

烏程周中孚信之著

3.1 《静志居詩話》評李于鱗云:“于鱗樂府,止規字句而遺其神明,是何異安漢公之《金縢》、《大誥》,文中子之續經乎?”案,“續經”下當有“中説”二字,方與上句相對,此偶誤脱。又云:“元美比之‘峨眉天半雪’,至謂‘文許先秦上,詩卑正始還’,譽過其實,于鱗乃居之不疑。”案,“文許先秦”二句,係元美《哭于鱗》詩,于鱗所不及見者,亦以爲“居之不疑”非是,當删去“至謂”以下十二字,語氣仍相接屬也。

3.2 《經義考》于《易學啓蒙》既載朱子《自序》于下,乃于胡方平《易學啓蒙通釋》重出朱子《自序》,誤作《通釋》之《自序》,蓋因《通釋》只有《後序》,通志堂本取朱子《序》冠諸卷端,已誤作《通釋序》,故竹垞亦承其誤。然《序》文後明識曰“淳熙丙午莫春,既望,雲臺真逸手記”,不當彼此相誤,更無論于《序》文相剌謬矣。

3.3 盧氏《釋文序録考證》載有一説,謂德明之卒當在高祖之初,此甚誤也。案,《舊唐書》本傳云:“貞觀初,拜國子博士,封英縣男。”使其已卒,何得云“拜”及“封”也?

3.4 《學春秋隨筆》三于《莊九年》“公伐齊”下云:“子

糾、小白，古今不決之疑有二。其一或以爲僖公子，或以爲襄公子也。案，齊襄取王姬，在莊元年冬，不數月乃卒，即媵妾有子，距今八年，亦未成人，而小白入國，已知任管仲，圖伯功，逾二年亦取王姬，其爲僖公子無疑也。”中孚案，在《昭十三年傳》晉叔向對韓宣子曰：“齊桓，衛姬之子也，有寵于僖公。”此桓公爲僖公子之確證也，萬氏不引及而以浮詞解之，言雖當而無徵矣。

3.5 《左氏·定四年傳》“吴入郢，以班處宫”，杜解曰：“以尊卑班次處楚王宫室。”案，下文“子山處令尹之宫”及《公羊》“君舍于君室，大夫舍于大夫室”，《穀梁》“君居其君之寢，大夫居其大夫之寢”之句，則解當改“處楚人宫室”方合。

3.6 《孟子》曰：“夫子之設科也，宋本、舊趙注本“子”俱作“予”。往者不追，來者不拒。”案，《荀子·法行》篇：“南郭惠子問于子貢曰：‘夫子之門，何其雜也？’楊倞注：“夫子，孔子也。”子貢曰：‘君子正身以俟，欲來者不拒，欲去者不止。’”方知孟子之設科與孔子同。

3.7 《簡兮》“西方美人”，《毛傳》以美人謂文王也。《離騷》“恐美人之遲暮”，王注以美人謂懷王也。蘇文忠《前赤壁賦》有“望美人兮天一方”句，賦作于壬戌之秋七月既望，適當元豐五年，所謂美人即指神宗，與熙寧九年丙辰中秋所作《水調歌頭》，同一愛君之心也。

3.8 金王寂《拙軒集》四《咏美人調·大江東去》有云：“少陵詞客多情，當年曾爛賞，湖州風月。自恨尋春來已暮，子滿芳枝空結。”案，所用事實俱牧之事，此云“少陵”，殊誤，易以“樊川”，仍不礙于聲律也。

3.9 《荀子·仲尼》篇云：“仲尼之門人，五尺之豎子，言羞稱乎五伯。”世人習于《孟子集注》，只知董子有此語，是飲流而忘原也。

3.10　《史記・扁鵲傳》所載“趙簡子”、“虢太守”、“齊桓侯”三則及《倉公傳》“齊侍御史成”以下二十二則，乃後世醫案之祖，故明江瓘《名醫類案》因取以分列各類之前，然全傳中尚多至理名言，後附《正義》一篇，即可當劉子元所謂“人形志”讀也。見《史通・書志》篇。

3.11　班孟堅《兩都賦序》略舉能賦之士，司馬相如、虞邱壽王、東方朔、枚臯、王褒、劉向之屬，倪寬、孔臧、董仲舒、劉德、蕭望之等，考之《漢・藝文志》，獨不載東方朔、董仲舒之賦，或《七略》原闕，孟堅不增入也。

3.12　陸賈《新語》，《史記》本傳及贊併作十二篇，《漢書》本傳同，與今所傳《新語》篇數亦合。《漢志》儒家作二十三篇，乃傳寫之誤，非分篇有異同也。

3.13　賈誼《新書・過秦上》云：“及至始皇吞二周而亡諸侯。”案，《史記・周本紀》：“秦昭王使將軍摎攻西周，西周君奔秦，盡獻其邑三十六，秦受其獻，歸其君于周。周君王赧卒，周民遂東亡。秦遷西周公于𢟍狐。後七歲，秦莊襄王滅東、西周，東、西周皆入于秦。”考之《秦本紀》，亦大略相同。誼則以吞二周屬之始皇，時《史記》未出，故傳聞異辭也。

3.14　《白虎通・四時》篇有云：“二帝言載，三王言年，皆謂窺闞。故《尚書》曰‘三載，四海遏密八音’，謂二帝也；又曰‘諒陰三年’，謂三王也。”新校本據《太平御覽》改爲“五帝言載”，于《補遺》中復申明之。反與“謂二帝也”句不相應，當仍以原本爲是。

3.15　吴東壇所編《説鈴》中有顧寧人《京東考古録》、

《山東考古録》、《救文格論》、《雜録》四種，多與《日知録》相同，當即《日知録》之初稿鈔出别行，爲吴氏所編入。

3.16　《逸周書·寶典解》："九德三慈，惠知長幼，知長幼，樂養老。"案，下"知長幼"三字誤衍，即本條及上下數條文法可見。

3.17　賈誼《新書·過秦上》"爲之謀主"句，當本《史記·始皇本紀》、《陳涉世家》二贊所引，删去"主"字，方與下文"通其意，制其兵"相對。又《事勢》三十二篇内，《過秦下》、《權重》、《制不定》、《銅布》、《壹通》五篇目下，俱脱"事勢"二小字，當盡補入。《連語》十八篇内，《問孝》(闕)篇目下脱"連語"二小字，亦當補入。《連語》一篇，恐脱去篇目，以小注誤入大字耳。

3.18　東坡《墨妙亭》詩云"書來乞詩要自寫，爲把栗尾書溪藤"，予見張孝廉《金石契》中，載黄石齋《斷碑硯》背文尚存"吴越勝事書來乞詩要尾書溪藤視昔過眼"十七字，洵屬坡公自書。蓋當年曾刻石于郡齋，不知何日斷裂，流散于外耳，胡、李二《郡志》俱不著録，真闕典也。

3.19　《陔餘叢考》十六"兩漢六朝謚法"條後云："案，《左傳》楚太子商臣弑成王，先謚之曰'靈'，不瞑，曰'成'，乃瞑，則古人之謚，有在將死時者。"中孚案，杜氏云："言其忍甚，未斂而加惡謚。"所謂瞑、不瞑者，在未斂時，非將死時也。況當宫甲圍王，王請食熊蹯而死，尚且弗聽，豈暇議及不急之謚法哉？

3.20　《陔餘叢考》廿九"關節"條末云："天啓二年，中允錢謙益典浙江試，取舉人錢千秋有七篇大結，迹涉關節，榜後爲人所訐，謙益自檢舉，千秋謫戍。後謙益應推閣臣，温體仁以此事疏攻,遂罷枚卜。”案,《明史·選舉志》謙益自檢舉後,千秋除名,至罷枚卜時,千秋謫戍,趙氏誤也。

3.21 昌黎《柳子厚墓志》叙述柳州政績,有云:“其俗以男女質錢,約不時贖,子本相侔,則没爲奴婢。子厚與設方計,悉令贖歸。其尤貧力不能者,令書其傭,足相當,則使歸其質。”而《柳州羅池廟碑》則曰:“先時民貧,以男女相質,久不得贖,盡没爲隸。我侯之至,按國之故,以傭除本,悉奪歸之。”同叙述一事,且出于一人手筆,便有繁簡不同,總在與通篇相稱耳。

3.22 《説文》八下舟部:“服,一曰車右騑,所以舟旋。”段大令《説文》訂曰:“舟,當作周。”中孚案,舟、周二字,古通用。《詩》“舟人之子”,箋云:“舟,當作周。”《考工記》“作舟以行水”,注云:“故書‘舟’作‘周’。”《左傳》、《孟子》之“華周”,《説苑·善説》、《立節》、《雜言》諸篇,俱作“華舟”。《隸釋·堯廟碑》以“周帀”爲“舟帀”,皆可互證。

3.23 《文選·七發》“霍然病已”,李善曰:“霍,疾貌也。”案,《正法華經音義》一“霍然,儵忽急戾之貌也”,當如此解。後人以“霍然”爲病愈,恐失其義。

3.24 錢詹事《金石文跋尾》一于“三代”下載有《石鼓文》及《吉日癸巳》二跋。案,《石鼓文》在周宣王時,“吉日癸巳”四字相傳爲周穆王書,似當《吉日癸巳》跋在前,《石鼓文》跋列後,方于時代爲順。

3.25 晋孔褒有《錢神論》,載《晋書》本傳。故李義山《爲張評事謝聘錢啓》有云:“雖虞神有魯褒,便恐癖如和嶠。”但孔之郡望雖本魯國,終不得以代其氏,“魯褒”當作“孔褒”。

3.26 玉溪生詩失題云:“雛虎如憑怒,猘龍性漫馴。”馮侍御《箋注》三謂“如”字與“性”字不對，可疑，或“性”字與“信”字之訛。中孚案，下句本顔延年《五君咏》“龍性誰能馴”句，似未可以“性”字爲誤，或者“如”字有訛耳。

3.27 竹垞《齋中讀書》之十“辭苟足以達，其義自繾綣”，蓋本《儀禮・聘禮》記“辭苟足以達，義之至也”二句。如此用經，使人不覺，楊氏所以失注也。

3.28 《十七史商榷》九十九云：“觀劉知幾《史通・自叙》篇，叙其少時讀《左氏》、《史》、《漢》、《三國志》，迄皇家實録，窺覽略周，以知幾之聰穎淹洽，所習亦僅三史、《三國》而止，乃併下及于唐之實録，而不及晋與南北朝各書，則唐人史學，概可知矣。”案，劉氏于叙述讀《左氏》後，本云次又讀《史》、《漢》、《三國志》，既欲知古今沿革，歷數相承，于是觸類而觀，不暇師訓。自漢中興已降，迄乎皇家實録者，凡三國六朝各史，俱包在内，語甚明晰，乃王氏割併其語，以證其唐以前惟三史、《三國》之説。豈不眯目而道黑白乎？

3.29 《文選・兩都賦序》“故孝成之世，論而録之，蓋奏御者千有餘篇”，五臣注劉良曰：“成帝使謁者陳農求天下遺失之書，千有餘篇。”案，《序》所云俱指賦而言，劉注非也。《漢志》載詩賦一千三百十八篇，除去歌詩三百十四篇，尚餘一千四篇，與《序》約略相同。《西京雜記》上：“或問揚雄爲賦，雄曰：‘讀千首賦乃能爲之。’”所云“千首賦”，當即指奏御之“千有餘篇”。據此，益知劉注之非。

3.30 《陔餘叢考》五“《史記》弟五”條有云：“子貢已列《孔子弟子傳》矣，而《貨殖傳》又列之；淳于髡已列《孟子荀卿傳》矣，而《滑稽傳》又列之。此皆文之失檢者。”案，子貢之貨殖，不得詳叙于《弟子傳》；淳于髡之滑稽，不得備述于《孟荀傳》,故各以類别列,猶之天子之詔旨有錯見于臣傳,而專傳中反載他人議奏,夫各有所當也。使以一人之事,必盡列于本傳,便失史家體裁。《鍾山札記》四"列傳中人有不妨再見者"一條,所舉各異,卻與鄙見吻合,可謂先得我心者也。

3.31 《漢志》詩賦家,詩只一類,賦分四類,四類中惟後一類無名氏猶可另編,而前三類之分,一自屈原迄王褒,一自陸賈迄朱宇,一自孫卿迄路恭,俱有名氏,可順次爲一類。内惟《秦時雜賦》、《淮南王群臣賦》、《魏内史賦》不詳姓名,然尚有時代可附入。《志》必分爲三類,甚屬無謂。又李思《孝景皇帝頌》及《成相雜辭》、《隱書》三種,亦附賦類,豈以其體相近耶?愚意賦宜總爲一類,而附以無名氏諸賦,退列于歌詩之後。蓋詩興最久,賦則始于周末,何可顛倒其序,以致《昭明文選》亦踵此例?後人編集,俱以寥寥賦篇取冠歌詩之前,以爲遵用古式,而莫覺其非。近潘稼堂《遂初堂集》,賦列雜文之首,則各得其所矣。

3.32 王文簡《精華録》,出于門下士選定,文簡在日已刊行,故詩至庚辰而止,自辛巳以下十二年蓋闕焉,然視全集,不過存十之四耳,後之注家宜取全集箋釋之,庶有功前賢,嘉惠來哲不淺。乃惠定宇棟作《訓纂》,金林始榮作《箋注》,只爲《精華録》而設,此避難趨易,急于成名,均未當也。

3.33 宋計氏有功著《唐詩紀事》八十一卷,歷元明而至本朝,厲氏鶚著《宋詩紀事》一百卷,錢氏大昕著《元詩紀事》□□卷,獨金、明兩代無人繼作。世多讀書好古之士,宜仿三家體例,輯成二書,垂諸藝苑,而後五朝掌故,始燦然明備矣。

3.34 《陔餘叢考》一"舜典當從月正元日分起"一則,其所引證,頗與毛西河之説相同,朱竹垞有《答蕭山毛檢討書》,

極以毛説爲是。案，毛、朱之説本非，趙氏反竊取之，且自詡爲雖創論而實定論，直牀上安牀、屋下架屋耳。

3.35　《十七史商榷》九十九云："即用編年，亦必至司馬君實方成一大著作。荀悦、袁宏等聊堪充數，猶未成章。"案，荀悦、袁宏斷代爲史，本是編年正格，自晋以下皆有之，不過存者只荀、袁兩《漢紀》耳。就唐以前言之。若必欲合數代爲史，方成著作，然則亦當棄《十七史》而獨尊鄭樵《通志》矣。西莊以馮時行序史炤《通鑑釋文》極力推尊温公，反失其本旨，見《商榷》一百。不意躬自蹈之，所謂笑他人之未工，忘己事之已拙也。

3.36　義山四六，婉約秀飭，在唐人爲别格。觀《樊南甲集序》有云："恣展古集，往往咽噱于任、范、徐、庾之間。"蓋其宗法如此。

3.37　明代建安雷樂《周易古經》、無錫華兆登《周易古本》，俱于《彖辭》上無"乾"、"坤"等字，而但冠以☰、☷等卦；于爻辭上無"初九"、"初六"等字，而但冠以"—"、"--"等畫。考之從前《易》家，只有移析經傳，強加"彖曰"、"象曰"、"文言曰"等字，未有敢擅删經文者，有之自此兩人始，真庸妄子也。

3.38　義山《擬意》廿四韻，原出元相《會真詩》，而更加藴藉，不墮惡道。

3.39　《隋·經籍志》"雜家"有沈約《珠叢》一卷，《唐·藝文志》已不著録，則其亡久矣。唐人類書諸種罕見徵引，惟慧苑《華嚴經音義》采用極夥，輯録之尚可成卷，然只可隨書編次，究不能復休文之舊耳。

卷 四

烏程周中孚信之著

4.1　《神農本草》八卷,《漢志》不著録,至《隋志》始有之。《漢志》經方類有《神農黄帝食禁》七卷,《周禮醫師疏》引作《食藥》,疑即《本草》之書,"食禁"必"食藥"之訛也。

4.2　《史記·孔子世家》末紀"子思生白"、"子上生求"云云,不過舉其有名者而言,非孔子十餘世皆單傳也,觀下文不著鮒之子、褒之父及延年之子可見。

4.3　歸震川長于文而短于詩,夫人而知之也。汪堯峰酷愛其文,併及其詩,因撰《歸詩考異》一卷,刻入《鈍翁類稿》,此則誤用心思,不得著述之要領矣。

4.4　王氏樵曰:"二典三謨,《春秋傳》多引爲《夏書》,據所成也。孔子定爲《虞書》,原所作也。"愚謂《史記》上紀三代先秦之事,而可與《前》、《後漢書》併稱爲漢三史,亦據所成言之。

4.5　王敬美《藝圃擷餘》有"尚故事"一則,謂"我朝越宋繼唐,正以有豪傑數輩,得使事三昧耳。第恐二十年後,必有厭而埽除者,則其濫觴末弩爲之也"。然則公安、竟陵之派,固敬美之所料及也。

4.6　《史記・衛將軍傳》云："封青子伉爲宜春侯，青子不疑爲陰安侯，青子登爲發干侯。"《漢書・青傳》則下兩句俱無"青"字。王氏《野客叢書》評之曰："《史記》叠用三'青子'字，《漢書》則一用'青子'字，字雖省，古人純實之氣已虧。"案，班氏每删節《史記》字，其氣未嘗不純實也，即併下兩"子"字及三"爲"字索性删去，益見簡老。

4.7　子由志坡公墓，但言其文得于莊，絶不及佛，使果有得于佛，則子由非理學中人，必不諱言之矣。而近世某鉅公以爲坡公之文，得力于《華嚴經》，王阮亭本之作詩曰："慶曆文章宰相才，晚爲孟博亦堪哀。淋漓大筆千秋在，字字華嚴法界來。"詩之失誣，無足深論，而某鉅公之立説，不過借以文其禪誦之陋耳。

4.8　《楚詞》之"夫君"，猶"夫子"也，當讀如字。後人因婦人呼夫爲"夫君"，遂改從"扶"音讀，失之遠矣。

4.9　魏酈道元撰《水經注》四十卷，凡引漢碑百、魏碑二十，晋及宋、魏稱是。近儒著録金石文字，多以元爲斷限，若以酈氏引晋、宋、魏諸碑律之，則勝國昭代諸碑，亦當間爲采録，不得拘于"好古"二字，庋置不論。朱氏《曝書亭集》五十一有《霍山廟建文元年碑》、《首善書院碑》、《北京國子監進士題名碑》三跋，顧氏《金石文字記》六且全録《霍山碑》文，此其例之可援者也。

4.10　凡著録金石之書，即無金，亦可稱"金石"。秦《琅邪臺石刻》三稱"金石刻"，《泰山石刻》一稱"金石刻"，亦其例也。

4.11　《荀子・勸學》篇："真積力久則入"，楊注："真，誠也。力，力行也。誠積力久，久則能入于學也。"朱子注《論語》"一貫"章，蓋本于此。亭林譏之，殆失于不考。

4.12　《周書·世俘解》首"維四月乙未日"，"日"字係衍文。觀通篇書日處，俱無"日"字，後惟有"時甲子夕"句，則《春秋》文法亦有之。若繫"日"字于日辰下者，則三代古書所無也。

4.13　王阮亭《畫眉關南渡野羊水》結云"惡竹縱横甚，還須斫萬竿"，本杜陵"惡竹應須斫萬竿"句；朱竹垞《返照》結云"山家多畏虎，應各掩柴扉"，本東坡"畏虎關門早"句，皆以一句分作二句也。

4.14　柳子厚作《先侍御史府君神道表》，叙其世系，則曰"六代祖諱慶，曾伯祖諱奭"，而昌黎志子厚墓則曰"七世祖慶，曾伯祖奭"。案，"曾伯祖"當作"高伯祖"，方與柳文相符。

4.15　畢秋颿《經典文字辨正序》，作法本于董彦遠《除正字謝啓》。見《困學紀聞》八。嚴厚民曰："《困學紀聞》所載僅十之一，全篇約二千三百餘文。"

4.16　《春秋繁露》前十七篇，皆論《春秋》之義，當即《漢志》春秋家《公羊治獄》十六篇之文。自《離合根》弟十八以下，皆與《春秋》無涉，當即《漢志》儒家百二十三篇之文。

4.17　《燕禮》"工歌《鹿鳴》"一節，"奏《南陔》"一節，"歌《魚麗》"一節，"遂歌鄉樂"一節，俱與《鄉飲酒禮》同，鄭注皆重出，不曰"已見《鄉飲酒禮》"。蓋篇各爲注，以便誦習，不必讀後篇而覆檢前篇也，此正漢人樸實處。

4.18　《經義考》載譚氏吉璁説曰："《詩》、《書》莫不有序，《尚書·周官》一篇，即《周禮》之序矣。"所作譚氏墓志，亦載其説，稱其讀書善悟類是。案，僞《周官》文絶非《詩》、《書》小序可比，譚氏取以當《周禮》之序，何善悟之有？竊以《周禮》

序官可當五官之序，一官各得一序，庶與《詩》、《書》之序相類。起竹垞于今日，未知以吾言爲得當否？

4.19　《孔叢子》一書，固屬王肅僞撰，然《小爾雅》一篇，《漢志》已著録，其爲古書無疑。王伯厚亦云。後人因肅作僞，併疑及《小雅》。陸氏《説文》、李氏《文選》注引，俱省"爾"字。戴氏東原且謂漢世大儒皆不取以釋經，似非《漢志》所稱之本，恐亦不的。近余友嚴厚民撰《小雅疏證》，有功小學不淺。厚民名傑，錢唐人。

4.20　《左·襄廿七年傳》："君子曰：'何以恤我？我其收之。'其向戌之謂乎？"上兩句明是《周頌》，而杜注云"逸《詩》"，豈以假之爲何、溢之爲恤而然乎？

奬 4.21　玉溪生詩有一題云："今月二日，不自量度，輒以詩一首四十韻干瀆尊嚴。伏蒙仁恩，俯賜披覽，奬勵逾其實，情溢于辭，顧惟疏蕪，曷用酬戴？輒復五言四十韻詩一章獻上，亦詩人咏嘆不足之義也。"案，此是詩序，非詩題也。觀上詩題云"五言述德抒情詩一首四十韻獻上杜七兄僕射相公"，則此爲重獻之詩，當别有題，不知何時佚去，後人誤將序作題耳。統閲全集，從無如此製題。因編次在前篇後，故不覺其失題，設選家專録是篇，則失題之痕迹顯然矣。馮先生箋注本，于題之前後各空一行，有以也。

4.22　趙耘菘詞章之士，于經本無所得，其《陔餘叢考》首列《考經》四卷，大都取前人之説，改頭换面，即如《考易》只有"畫卦不本于《河圖》"、"《易》不言五行"、"《河圖》刻玉"三則，全襲《易圖明辨》，其餘概可見矣。

4.23　錢唐丁丈希曾傳謂《爾雅》十九篇先後次序，各有命意，爰作《爾雅·叙篇》一通，自首至終，如繩貫珠聯，無牽強之迹，頗與《易》之《序卦》，小徐之《説文·部叙》相類，可謂良工用心苦矣。丈歿于己未中元之次日，年八十，所著經解，盧學士《鍾山》、《龍城》兩札記俱録其説。惜付刊者寥寥無幾，恐終爲郭象、宋齊邱輩所攘耳。

4.24 《孝經》"夫孝，天之經也，地之義也，民之行也。天地之經，而民是則之，則天之明，因地之利"，皆與《左·昭廿五年傳》游吉引子産"夫禮，天之經也"數句同。惟"孝"作"禮"、"是"作"實"、"利"作"性"耳，孰創孰因，不可考矣。

4.25 李義山《哭劉司户蕡》詩"不待相孫宏"，省一"公"字，義山所創，亦猶馬遷、馬相如之省去"司"字也。

4.26 《史記·趙世家》載"趙簡子疾"以下三百餘字，與《扁鵲傳》所載相同。《史記》一書從無有相同如此之多者，當由《趙世家》失于刊落耳。

4.27 朱竹垞《荇溪詩集序》自叙詩之變遷，有云："一變而爲騷誦，再變而爲關塞之音，三變而吴傖相雜，四變而爲應制之體，五變而成放歌，六變而作漁師、田父之語。"余謂諸家序文皆不及分晰如此，學者須領略此旨以讀《竹垞全集》，當有歷歷不爽者。

4.28 竹垞《詩論》一有云："若移《秦》于《魏》、《唐》之後，《檜》後于《陳》，《豳》後于《檜》，其亦何所取義，而孔子必更之。"中孚案，《左·襄廿九年傳》"自歌《齊》後，即繼以爲之歌《豳》，爲之歌《秦》"，杜氏云："《豳》詩弟十五，《秦》詩弟十一，後仲尼删定，故不同。"然則竹垞以爲本來如此，立論殊乖。

4.29 竹垞《讀〈武成〉篇書後》，只以書日之法疑其爲僞，但"四"字古文作"亖"，偏護古文者，亦可藉口脱去上一畫爲辭，不若閻氏、惠氏兩家之辨駁詳明也。

4.30 《明史》載，葉春，海鹽人，宣德、正統間凡三爲浙江巡撫，治事于鄉；王彰，彰德人，亦巡撫河南。《彰傳》謂終明之世，大臣得撫鄉土者，彰與春而已。《陔餘叢考》廿七申之曰："此外尚有王瑜，淮安人，後鎮淮安，總督漕運。魏源，江西建昌人，宣德中永新民亂，帝命源往撫之。又景泰中，命吴人楊翥之子爲本邑主簿。是亦不止春與彰二人而已也。"案，漕督轄七省而理一事，本與巡撫體統大異，不必除七省而用他省人也。所云永新民亂，源往撫之，謂安撫此亂民，如督師、經略之類，非謂作巡撫也。至楊翥之子爲本邑主簿，史明言大臣得撫鄉土者，何曾數及微員？趙氏所云，徒然妄生枝節耳。

4.31 鄭氏注"作者七人"，以沮、溺爲辟地者，夫溺自言"豈若從辟世之士哉"，鄭不以屬之辟世者，未知何意。

4.32 鄭氏以"必也正名"爲"正字"，凡《説文解字序》、《隋・經籍志叙》、《經典釋文序》所引，皆足爲證。詳《論語古訓》。又《大唐衆經音義序》云"必也正名，孔君之貽誥"，是亦以"正名"爲"正字"也。

4.33 《顔氏家訓・文章》篇有云："昔者，邑號朝歌，顔淵不舍，里名勝母，曾子斂襟。"趙氏曦明注引《漢書・鄒陽傳》"里名勝母，曾子不入，邑號朝歌，墨子迴車"，而案之曰："此文不同，蓋各有所本。"中孚案，《古微書》載《論語讖》云"里名勝母，曾子斂襟，邑號朝歌，顔淵不舍"，此即顔氏所本。

4.34 《杜陵集》有《一百五日夜對月》詩，首句云："無家對寒食。"案，《荆楚歲時記》："去冬至一百五日，即有疾風甚雨，謂之寒食。"此不云寒食日，而云一百五日者，未免立異爲高。

4.35 黄梨洲《思舊録》載顧亭林寄書一篇,歷叙平生著述顛末,與梨洲相印證,《亭林文集》獨闕此書,豈稼堂編集時偶遺之邪?余撰《亭林年譜》,準楊氏《竹垞年譜》録王阮亭寄書之例,全載此書于譜内,亦所以補《文集》之遺也。

4.36 盧學士《新序補遺》"齊有田巴先生"一則,《太平御覽》六十三,又三百六十一。本《齊策》"鄒忌修八尺有餘"篇。又"秦王以五百里地易鄢陵"一則,《御覽》四百三十七。與《魏策》"秦王使人謂安陵君"篇大同小異。

4.37 《史記·項羽本紀》載:"有美人名虞,常幸從,駿馬名騅,常騎之,自爲詩曰:'力拔山兮氣蓋世,時不利兮騅不逝,騅不逝兮可奈何,虞兮虞兮奈若何。'歌數闋,美人和之,於是項王乃上馬騎。"下文又載:"乃謂亭長曰:'吾騎此馬五歲,所當無敵,嘗一日行千里,不忍殺之,以賜公。'"此結束馬之下落也,獨所謂美人者,竟無一句收場。《漢書》本傳亦如此,此史之闕文也。嚴久能曰:"《楚漢春秋》美人和歌有'賤妾何聊生'句,想於項王上馬後亦自殺,惜不載于書也。"

4.38 《漢志》載"揚雄賦十二篇",于"右賦二十一家二百七十四篇"下,注云"入揚雄八篇",後總結詩賦數目下亦然。師古曰:"此凡言'入'者,謂《七略》之外,班氏新入之也。"兩處小注不同,當由雄之《自叙》只載四賦,劉氏即本之以著録,後班氏復加入八篇耳。

4.39 阮孝緒《七録》,亦《隋書·經籍志》藍本之一,《志》叙云:"今考見存,分爲四部。"然則存書之目,已作正文,其佚者皆隨附于正文之下,繫以"梁有"二字。觀《經義考》所引《七録》,皆"梁有"以下之文,可見好古之士,宜本《志》叙所采《七録》大略,取而編成一書,以復十二卷之舊,併取《廣宏明集》所載原《序》,冠于卷端,亦盧學士《群書拾補》意也。

4.40　《漢書・李夫人傳》載李延年歌"一顧傾人城,再顧傾人國",舊注解作"傾覆"之"傾",《甕牖閑評》二極論其非,余更爲申之曰:"注家泥于《大雅》'哲婦傾城'之句,故有此誤。延年所云即《登徒子好色賦》'嫣然一笑,惑陽城,迷下蔡'之意。若《項羽本紀》漢王稱侯公曰'此天下辯士,所居傾國,故號爲平國君',此又爲'傾動'之'傾',與歌意亦相合也。"

4.41　《玉溪生詩箋注》三于《房中曲》云:"《漢書・禮樂志》高祖有《房中詞》,武帝時有《房中歌》,皆本周《房中樂》,此則借取以言悼亡也。悼亡詩以此爲始。"中孚案,"以此爲始"謂借"房中"名目爲悼亡詩,實始于此耳。或疑馮先生以悼亡之作始于此章,豈有先生之博學,而不知遠有安仁,近有微之之作乎?

4.42　《甕牖閑評》三:"黄太史詩云'爲喚謫僊蘇二來',故人謂蘇東坡排行弟二,其實第九二也。《李方叔集》中有《贈小蘇先生九二丈》詩,則知東坡第九二矣。"愚謂山谷詩非省作"蘇二"也。東坡一字"和仲",當爲老泉次子,"第二"乃同父行也,若"九二"乃同族行耳。袁氏執一而論,宜有此失。

4.43　《甕牖閑評》五載:"古詩云:'日暮倚修竹,佳人殊未來。'所謂佳人,乃賢人也。今畫工竟作一婦人,彼縱不知詩,寧無一人以曉之邪?"愚謂畫工蓋本少陵《佳人》詩"天寒翠袖薄,日暮倚修竹",所謂佳人,乃婦人也,非不知古詩而誤作者。袁氏謬相譏評,亦當令畫工失笑。

4.44　鄭仲師以《尚書・周官》爲即《周禮》,馬季長《周官傳序》、鄭康成《三禮目録序》俱以爲失之。案，仲師之言，足備一説，不得竟以爲非。若以其不類《書》體繩之，則《禹貢》、《鴻範》何獨可編于《書》？若又以簡帙繁富論之，則當夫子之時，百篇具在，亦未見多寡之不均也。

卷　五

烏程周中孚信之著

5.1　《日知録》三據程大昌《詩辨》，謂《周南》、《召南》可名之爲“南”，不可名之爲“風”，所謂“以雅以南”是也。案，《左氏・隱二年傳》“《風》有《采蘩》、《采蘋》”，此二《南》稱“風”之實證，何得如程氏所云：“大凡入樂之名，與編詩之名及詩之次序，俱不相同。”《大戴記・投壺》：“凡《雅》二十六篇，其八篇可歌，《鹿鳴》、《貍首》、《鵲巢》、《采蘩》、《采蘋》、《伐檀》、《白駒》、《騶虞》。”《貍首》爲逸詩，《鹿鳴》、《白駒》爲《小雅》，餘俱《國風》，且總稱爲“雅”，可悟二《南》稱“南”，爲入樂之名，非編詩之名矣。明乎此，而知朱子本《儀禮》奏樂之次，升《南陔》三詩于《魚麗》之前，而以《白華》爲《什》首，俱未得當。錢詹事《答問》三“《南陔》六詩”一條，可與余説互相發明。

5.2　楚狂言“今之從政者殆而”，以其時考之，當指子西。夫子因或人問及，曾曰“彼哉彼哉”，而楚狂亦以爲殆，與聖心有相契焉，故欲與之言耳。

5.3　《曲禮》“國君不名世婦，大夫不名侄娣，士不名長妾”，可知古來婦女俱有名。不僅如姬、姜、嬴、子之以姓爲名也，孔子之母名“徵在”，可爲左證。

5.4 孔氏《大戴補注》本極精當，惟于《夏小正》“八月，鹿人從”、“九月，王始裘”、“十月，黑鳥浴”三句俱删去，與通篇經傳併舉俱不合，似爲失之。

5.5 王光禄序《潛研堂金石文跋尾》，歷引金石文之見于經者，《大學》引湯之《盤銘》，而光禄曾不及之，所謂失之耳目之前者也。

5.6 《十七史商榷》一論項王立義帝事，本于《黄氏日抄》。愚謂當項梁起事時，尚不肯依附殷通，竟殺之以佩其印，奚必于陳勝死後，復立楚懷王孫心，北面事之？此則黄、王兩家俱不徵及者也。

5.7 顔魯公一生事業、氣節、文章，俱得力于家學。愚以《唐書・世系》考之，之推，六世祖也；師古，曾叔祖也；元孫，世父也；杲卿，從兄也。如魯公之無忝家學，千古一人而已。

5.8 《論語》“未若貧而樂”，竟當依《石經》“樂”下有“道”字爲正，否者所樂何事，不得以“不改其樂”、“樂在其中”相證，所謂言各有所當也。

5.9 仁和翟晴江灝以考證名家，詩學竹垞，苦無妙悟。余獨愛其《横塘》一絶曰：“猪坊鴨舍二橋名。短長橋，暫出江鄉路不遥。記得往年曾借問，白荷花外小停橈。”可算《才調集》中高作。又有《集唐句書〈高唐賦〉後》一首，迴環有味，亦録于此：“爲雲爲雨楚襄王，爲雨爲雲楚國亡。雲雨今歸何處去，不堪回首望高唐。”集中又有三言、八言、九言、十言諸作，邪師外道，方家所弗尚也。

5.10 王阮亭悼亡詩，大抵以富貴中人説貧苦況味，求其運典極藴藉者，無過弟十六章云“樓角參差幾曲欄，繞欄親種碧琅玕。月明昨夜風驚竹，翠袖何人倚暮寒”，較他作神韻雙絶。

5.11　諺云：“好事不出門，惡事傳千里。”所謂惡事，指私褻之事也。《曾子制言上》云“鄙夫鄙婦相會于廧陰，“廧”，隸書“牆”字。可謂密矣，明日則或揚其言矣”，即諺語所本。

5.12　東坡“小溪深處是何山”句，爲答者之詞可，爲問者了悟之詞亦可，若作問行路之詞，以“何山”解爲何處之山，則與下“山人讀書夜達旦”句不屬矣。

5.13　《漢志》“名家者流”小叙，引孔子“必也正名”云云，《隋志》同。似乎馬注“正百事之名”爲確。然錢詹事《答問》六有云：“正名自當從鄭義，《禮·祭法》記云：‘黄帝正名百物，而倉頡制文字，即于其時，名即文也，物即事也。文不正，則言不順，而事不成。’馬、鄭本無二義，故唐以前説《論語》者皆因之。”據此，益可證鄭注之確矣。

5.14　《漢志》：“《漆雕子》十三篇。孔子弟子漆雕啓後。”案，上載“《曾子》十八篇。名參，孔子弟子”，下繫“《宓子》十六篇。名不齊，字子賤，孔子弟子”，則此十三篇斷然即啓所著，“後”字必傳鈔者誤加耳。《韓子》言孔子之後，儒分爲八，有漆雕氏之儒，則啓之著有成書，亦必然之事也。

5.15　《漢志》：“《蘇子》三十一篇。名秦，有列傳。《張子》十篇。名儀，有列傳。”案，儀、秦之書，俱散見《戰國策》及《史記》列傳，俱未佚也，試各輯成一書，庶于從横十二家，已得其零數矣。

5.16　宋人之以文爲賦，非宋人之創造也，遠則宋玉《登徒子好色賦》，近則杜牧《阿房宫賦》，心摹手追，流蕩忘反，適成一代之風氣，然終非正格也。

5.17 《漢志》載“孫卿賦十篇”，考荀子《賦篇》，内《禮》、《知》、《雲》、《蠶》、《箴》五賦，《佹詩》一首，《遺春申君賦》一首，此賦《戰國·楚策》亦有之。合之《漢志》十卷之數，尚闕三篇。考《賦篇》之前，即《成相篇》，凡三章。章首俱以“請成相”三字起，故以名篇。或《志》以此篇計在内，卻符其數，但此篇乃有韻之古文，本非賦體，則十篇久佚其三矣。《志》又有《成相雜辭》十一篇，在“雜賦”類，恐非荀子《成相》之篇也。《成相篇》通例，兩三字句，一七字句，一四字句，又一七字句，自成章法。後世彈詞，當濫觴于此。《逸周書·周祝解》亦如此，皆周末之文體也。

5.18 梁氏玉繩《人表考》舉文王之異稱凡十有九。案，《逸周書序》云：“穆王遭大荒，謀救患分災，作《大匡》。”此解文王時作，觀本解及上下解可見，蓋文王可稱“穆考”，見《書·酒誥》。未始不可稱“穆王”也，而不嫌其與穆王滿相重者，猶《詩·何彼襛矣》之稱“平王”，不嫌與平王宜臼相重也，且在當時不知後之有相重也。此稱亦足補梁氏之闕。新校《逸書》本以爲當作“文王”，恐失之。

5.19 “三國志”，大名也；“魏書”、“蜀書”、“吴書”，小名也。《蜀書·楊戲傳》云“戲以延熙四年著《季漢輔臣贊》”，其所頌述，今多載于《蜀書》。又《董允傳》注論陳氏立《夏侯玄傳》，亦曰“‘魏書’總名，此卷云‘諸夏侯曹傳’”。此其證也，但自來引者，俱曰“魏志”、“蜀志”、“吴志”，豈因大名而改稱與？

5.20 《蜀書·黄權傳》載：“景初三年，蜀延熙二年，權遷車騎將軍，儀同三司，明年卒。”繫魏年于上者，以上下所紀皆在魏事也，而權又入《蜀傳》，故復繫蜀年于下。

5.21　《蜀書》列傳終以楊戲，即以戲所著《季漢輔臣贊》繫于後，此天然爲全部結穴，且藉以當《蜀書》序傳也。

5.22　《蜀書·諸葛亮傳》載後主詔策曰“將建殊功于季漢，參伊周之巨勳”，又蜀楊戲著有《季漢輔臣贊》，可知當時之人又稱“季漢”，以别于前、後兩漢。後人因陳氏之改稱“蜀國”，或稱“蜀漢”，或稱“後漢”，何如稱“季漢”之爲得乎？

5.23　《蜀書·劉焉傳》評曰：“劉焉聞董扶之辭，則心存益土。”此事見于本傳者。又曰：“聽相者之言，則求婚吴氏。”此事不見于本傳，而見于《先主穆皇后傳》者。今相提併論而不著其事，故使覽者不知所謂也。

5.24　公伯寮爲孔子弟子，有《史記》及《論語》馬注可證，《漢書·古今人表》列在“中上”，本非薄待斯人。公肩子、子石、琴牢，俱列在伯寮後。《索隱》引《古史考》，謂公伯寮讒訴，非弟子之流，宋儒皆同此説。見《困學紀聞》七。朱竹垞作《孔子弟子考》深駁之，可稱確論。近有偏信《古史考》者，復謂《家語》不列其名，《廣韻》但稱魯大夫，其不得爲弟子明甚。夫《家語》爲王肅所撰，《廣韻》爲宋人所修，有何足據？而反疑馬遷所見弟子籍亦有竄入者，此仍不出宋儒範圍，宜乎改之爲貴矣。

5.25　《蜀書·諸葛亮傳》不叙建安二十四年尊先主爲漢中王事，此季漢一大事，與亮極有關係，豈得反略之乎？

5.26　《漢書·古今人表》“中上”有齊寺人費，師古曰：“即徒人費也。”以倖人而與君難，豈得列在四等？當與齊襄公併列下下。

5.27　《人表》“中上”“儀封人”下，宜增一“晨門”。

5.28 歐、宋之《唐書》繫以"新"字,以別劉昫之《唐書》,此種分别,唐人已開其端,如《史通·點煩》、《暗惑》兩篇,頻稱"新晋書",蓋指唐初所修之本,以别于臧榮緒之本也。特臧氏本久佚,不能如劉氏本之稱"舊唐書"耳。近復有薛氏《舊五代史》列在正史,于是又目歐史爲《新五代史》矣。

5.29 《漢志》墨家有"《田俅子》三篇",下注云:"先韓子。"案,《吕覽·首時》言"墨者田鳩見秦惠王"注"田鳩,齊人","鳩"、"俅"音近,疑爲一人。《韓子·外儲説左上》及《問田》篇亦稱之,故云"先韓子"也。

5.30 《人表》孫武在"中中",孫臏在"中上",二人不容異等,應屬傳鈔有誤。

5.31 《人表》于亡國之君,皆注曰"爲某所滅",獨"吴王夫差"下不注曰"爲越所滅",蓋亦傳寫脱落耳。

5.32 《陔餘叢考》第二十五卷,全襲《歷代建元考》而分歸各類者,惟末附"年號併稱"一則,本《日知録》而稍加擴充之,如此取盈卷帙,不值通人一噱。

5.33 《魏書·華佗傳》載"故甘陵相夫人"以下醫案十六條,蓋仿《史記·倉公傳》體,《管輅傳》所載占驗十六條,亦仿此體。

5.34 凡一人届兩代之間,作史者宜立傳在何處?案,《蜀書·譙周郤正傳》評曰:"二子處晋事少,在蜀事多,故著于篇。"旨哉斯言,千古作史之標準也。明乎此而凡一人歷三代、四代及五六代不等者,亦易以安頓得宜矣。或以臣道比妻道,當如婦人屢嫁,以最後所適爲定,似太拘泥。

5.35 《蜀書·馬超傳》叙其父騰事,竟不及騰死事,不特事迹不全,行文亦無結束。

5.36 樂必有舞，故《孟子》言樂之實，與《樂記・師乙》之論樂，皆有手舞足蹈之言。

5.37 《周禮》疏引《禮・五帝記》曰："立庠序之學，則父子有親，長幼有序。"盧校《白虎通》本于《辟雍》篇引《五帝記》，誤作"帝庠序之學"，但下有"故立庠序以導之也"句，不容誤也。

5.38 《陔餘叢考》四十二引《吴書・先主傳》"張昭謂權曰：'孝廉，此寧哭時邪'"，以證權曾舉孝廉，而不知傳首已有"郡察孝廉，州舉茂才"及"劉琬惟中弟孝廉"語矣。舍前舉後，蓋偶記得後一語耳。

5.39 《吴書》有《劉繇傳》，當孫策時已死，與策絶無君臣體統，不得以其傳在《吴書》稱爲吴臣，惟其子基則真吴臣耳。

5.40 《左氏・成二年》經有"曹公子首"，《公》、《穀》"首"皆作"手"。案，"首"、"手"二字古相通。《儀禮・士喪禮》"魚左手進鬐"，鄭注："古文'首'爲'手'。"《左氏・宣三年傳》"見其手"，《釋文》"一作首"。《穀梁・定十年傳》"首足異處"，《史記・孔子世家》作"手足"。《漢書・古今人表》"上下"有"敤手"，《説文》"攴"部作"敤首"。

5.41 《禮記・月令》"季夏行春令，則穀實鮮落"，《吕覽》作"解落"。案，"鮮"、"解"義同，非形近致誤也。《列子・湯問》篇："越之東有輒沐之國，其長子生則鮮而食之"，《墨子・節葬》篇作"解而食之"，此可爲證。

5.42 《大戴・保傅》篇"靈公造然失容"，賈誼《新書》作"蹵然"。案，古書"造"與"蹵"通，《韓子・忠孝》篇"舜見瞽瞍，其容造焉"，《孟子》作"其容有蹵"，是也。

5.43 《魏書·王粲傳》有云:"始文帝爲五官將,及平原侯植皆好文學。粲與北海徐幹字偉長、廣陵陳琳字孔璋、陳留阮瑀字元瑜、汝南應瑒字德璉、東平劉楨字公幹,併見友善。"下歷叙徐幹已下五人事迹,後載文帝《與吴質書》所舉亦只粲等六人,復云:"自潁川邯鄲淳、繁欽、陳留路粹、沛國丁儀、丁廙、宏農楊修、河内荀緯等亦有文采,而不在此七人之例。"案,上所舉六人,而此則曰七人,觀後評曰"昔文帝、陳王以公子之尊,博好文采,同聲相應,才士併出,唯粲等六人最見名目",亦以六人爲言,則似乎"七"字有誤。然"建安七子"之稱,不容没也。考注所引《典論》,謂"今之文人魯國孔融、廣陵陳琳、山陽王粲、北海徐幹、陳留阮瑀、汝南應瑒、東平劉楨,斯七子者"云云,方符其數。陳氏蓋以融立傳當在漢臣之列,故併其名氏亦不舉及。"七"字非誤也,特與通篇人數不相符合耳。

5.44 《漢志》兵技巧有"《伍子胥》十卷"。案,《吴語》:"大夫種曰:'夫申胥、華登簡服吴國之士于甲兵,而未嘗有所挫也。'"此十卷應是當年教戰之書。

5.45 作登臨懷古詩,習用斜日、斜陽、斜照、斜曛、殘日、殘陽、殘照、殘曛、夕陽、夕照、夕曛、夕景、西日、落日、落照、晚照等字,重復可厭,真詞苑一大病。豈登山臨水之時,咏懷古迹,皆當在傍晚時邪?此事之必不然也,修辭者宜慎出之。

5.46 《曾子·立孝》篇引書"有子七人,莫慰母心",以爲子之辭也,盧注云:"七子自責任過之辭。"案,《凱風序》,一則曰"美孝子也",再則曰"故美七子能盡其孝道,以慰其母心,而成其志爾",竟屬詩人稱美七子之詞,未知孰是。朱子則以此詩爲其子作,説本《曾子》。

5.47 《困學紀聞》十八載致堂云:“古樂府者,詩之旁行也。”何義門駁之曰:“詩之有關勸誡,可被管弦,爲樂府所采者,後人因以古樂府名之。樂府乃官名,非别有樂府詩體也。”余謂致堂所云本無可議,觀郭茂倩、左克明二書所載,與徒詩别爲一體,故别有一種題目,所以致堂又云:“詞曲者,古樂府之末造也。”何氏既謂此句不差,而于上文忽生枝節,其好詆諆如此。

5.48 竹林七賢詩推嵇、阮,但中散只以四言制勝,以視步兵之《咏懷》,尚非魯衛。如阮公者,洵當塗之後勁,典午之先聲也。晋人如左太沖、張景陽、郭景純、劉越石輩,皆學阮而躋其堂奥者。若在三唐,則惟射洪、曲江、隴西三公耳。

5.49 王弇州之才,十倍李滄溟,當上與北地、信陽鼎立。若李滄溟者,諸體俱少完善,惟七絶差勝,只堪與謝四溟之五律等量齊觀,弇州反引以爲匹敵,不過欲與北地、信陽兩兩相配耳。此乃私意揚詡,究非公論。生平標榜極夥,就中可取者,尚有李伯承、梁公實、歐楨伯、黎惟敬、胡元瑞諸人,亦滄溟、四溟之流亞也。

5.50 《漢官儀》謂武帝置太史公位在丞相上,《隋書·經籍志》、《史通·史官建置》篇、三劉敞、攽、奉世《兩漢刊誤》俱同。《西京雜記》新校本書“太史公事”條,“位在丞相下”句,“上”誤作“下”,當改正。

5.51 歲丁巳,學使阮公命中孚分輯《經籍纂詁》,中有《太元經》一種,從錢唐殳孝廉芳處借得,宋刊范望注本,後附《釋文》一卷,十二葉。板心稱“太玄音”,卷首云:“此本自侯芭、虞翻、宋衷、陸績互相增損,傳行于世,非後人之所作也。”

案，隋唐史志，從無侯氏以下諸家音義，即范氏只有注而無音。惟《通志略》有宋林瑀《太玄釋文》一卷，觀卷中有引及《玉篇》、《唐韻》處，始信此爲林氏所著。《經義考》以爲佚，疑未見此本耳。然有詮釋之字，經文反無，或如《經典釋文》之例，釋及范注，而范注亦無其字，甚不可解。林氏本有經注十卷，見《通志》。故《釋文》所詮，多有與范注大相乖違者。此宋人之恒態，不足爲異，不知何人謬加卷首數語，合刊于范注本後，致經注佚，見《經義考》。而此獨存也。余竟不同范注一概采録，庶與分纂體例不收宋以下訓詁之條不相背焉。

5.52　楚義帝，猶劉聖公、韓林兒也。劉、韓俱有傳，而義帝獨無，其事迹僅附《項羽紀》中，正如惠帝之附《吕后紀》，非通例也。孟堅仍踵曩軌，不立傳于陳、項之間，豈以其事差綜于《羽紀》中，故不及創作邪？

5.53　《荀子・非十二子》篇“壯然”，注云：“不可犯之貌。”案，“壯然”即“莊然”也，古字“壯”、“莊”通。《檀弓》“柳莊”，《漢・人表》“中中”作“柳壯”，師古曰：“壯讀曰莊。”

5.54　《荀子・儒效》篇云：“凡知説有益于理者爲之，無益于理者舍之，夫是之謂中説。”隋王通著書名“中説”，其義蓋取諸此。

5.55　徐氏《管城碩記・史類三》有“《尚書大傳》别風淮雨”一則，後《雜述》中復重出，較前稍略，宜存前而删後也。

5.56　梁武帝以《文言》是文王所制，蓋因《左・襄九年傳》“穆姜已有元體之長也”等句，故爲此説。然孔子述而不作，安知非有取于穆姜之言而録之乎？《正義》以《文言》屬之孔子，以符“十翼”之數，實爲定論。

5.57　昌黎《元和聖德》詩云：“博士臣愈，職是訓詁，作爲歌詩,以配吉甫。”案,結尾自言其名,體亦仿于吉甫,《崧高》、《蒸民》兩詩俱言“吉甫作誦”是也。三百篇中尚有《節南山》、《巷伯》、《閟宫》三詩,亦自言姓氏者,以《閟宫》爲奚斯作,本于揚雄、班固、王延壽。

5.58 《吕氏春秋》,《史記·自序》及《漢書·遷傳》載《報任安書》俱稱《吕覽》,蓋舉其居首者言之,猶之屈原諸賦稱“離騷”,董子《春秋》稱“繁露”,皆舉首篇以該餘篇也。六十干支稱“甲子”,亦猶此意。後人改“《繁露》篇”爲“《楚莊王》篇”,非也。故《史記·十二諸侯年表序》及《吕不韋傳》併云著“八覽、六論、十二紀”,以紀居末,且古人作序皆在卷末,吕氏“十二紀”終而綴以序,意紀之居末可知。至高誘作注,始以紀居首,八覽、六論次之,而史遷“吕覽”之稱,竟莫知其何所取義矣。

跋

周鄭堂先生博聞強識，以紀事纂言爲己任，所著有《孝經集解》、《逸周書補注》、《金石識小録》、《讀書記》、《子書考》、《四庫書存目附録》、《顧亭林年譜》、《詞苑叢話》、《文録》、《詩録》、《題跋》、《札記》。歿後，其家鬻書他氏，併手稿棄之。先生説經諸作，阮文達公刻《學海堂經解》編入叢鈔。《讀書記》舊歸平湖朱氏，庚辛亂後，聞爲粤東鉅公某取去，遂不得見。戴君子高，先生之外孫也，求先生遺書，僅得《札記》五卷，更歷患難，守之弗失。同治壬申，子高病甚，寫副屬之謙校一過，忽忽至今，始獲鋟版，距子高歿且十年矣。之謙浮沈宦海，長爲旅人，不知此生能有因緣，向鉅公後人一假觀《讀書記》否也？壬午五月，會稽趙之謙書。

附録

《續修四庫》本《鄭堂札記》提要[①]

清周中孚撰。中孚，字信之，浙江烏程人，嘉慶十八年副貢生。博聞強識，邃于目録考證之學，居恒以紀事纂言爲己任，嘗考諸史《藝文》、《經籍》，著爲《鄭堂讀書記》，條最篇目，甄叙卷部，更旁臚其鈔槧得失，都數十萬言。阮元修《經籍纂詁》，中孚與焉。又曾主上海李筠嘉，爲之斠訂藏書。道光初，舉副貢，卒。所著《鄭堂讀書記》，凡經十四卷，史二十二卷，子二十三卷。又有《孝經集解》、《逸周書補注》、《金石識小録》、《顧亭林年譜》、《詞苑叢話》等。説經諸作，阮元刻《學海堂經解》編入叢鈔。《讀書記》舊歸平湖李氏，庚辛亂後，不知所往，餘亦散佚不傳。是編則趙之謙得之于戴子高而爲之校刊者也，蓋劫餘僅存矣。書中所記均讀書有得之言，如論史遷以項羽爲《本紀》，秦楚之際爲《月表》，均本陸賈，斷代爲史，後人實爲失體。班孟堅摘《論語》字改"河渠"爲"溝洫"，《新唐書》改"經籍"爲"藝文"，均不足盡義，實獨具卓識也。

---

① 據《續修四庫全書總目提要》(稿本)第 35 册第 10 頁抄録，中國科學院圖書館整理，齊魯書社 1996 年影印版。

餘如駁鄭氏《石柱記箋釋》三以"下菰城"爲春申君伐吴屯兵地,春申君距滅吴將二百年,安有伐吴屯駐事? 杜牧之《邕府巡官裴府君墓志》"某娶裴氏,實君之私",引《爾雅·釋親》"女子謂姊妹之夫爲私",《詩·衛風》"譚公爲私",牧之泥古,男假女稱,實爲失適,皆立言通正透達。餘率亦此類,惟間有援内典參儒書處,如以《正法華經音義》一"霍然,儵忽急戾之貌",解《文選·七發》"霍然病已"之"霍",似嫌失案。然瑕不掩瑜,小疵可不論也。

戴望《外王父周先生述》①

先生周氏,諱中孚,字信之,别字鄭堂,浙江湖州府烏程縣人。曾祖某。父某,爲縣吏,有隱德,生子二人,長先生,次聚之先生,仕至奉化縣學教諭。先生幼有孝行,力於學。稍長,見《四庫》書《提要》,謂爲學之涂徑在是,於是遍求諸史《藝文志》,考自漢迄唐存佚各書,以備搜輯古籍。而教諭君治詞賦,亦度其儕輩。阮文達公督浙江學政,先生兄弟并受知,以嘉慶元年選拔貢生。文達巡撫浙江,築學舍西湖,以處浙中文學士,使修《經籍纂詁》,先生與焉。曾游京師,識宋先生翔鳳,爲刊正其著書十許事,宋大嘆服。其後十數年,同舍生多貴顯,而先生屢應鄉舉不中式。當道光初元,猶入試,同考官嘉定錢君爲少詹事族子,得先生卷嘆絶,力薦於主者。將列名,而先生策多用少詹事《答問》語,主者疑其有私,遂黜之而置副榜第一,揭曉始大悔謝過。先生自是無仕進意矣。

① 據繆荃孫纂録《續碑傳集》卷七十二《儒學二》抄録,周駿富輯《清代傳記叢刊》第 119 册第 196—197 頁,臺北明文書局 1985 年影印版。

旋以龔兵備薦，客上海李氏，爲定其藏書志。復游嶺南，主學使徐公，三載歸，卒於家，年六十有四，道光十一年某月日也。妻任孺人先卒，生女子子一。先生殁後，教諭君主婚歸先考爲繼室，即先妣也，妾生子二。先生著撰甚侈，有《孝經集解》、《逸周書注補正》、《顧職方年譜》、《子書考》、《鄭堂讀書記》、《金石識小録》、《鄭堂札記》諸書。殁時，教諭君客山東，其次子不肖，以先生藏書及草本鬻諸他氏。朱比部爲弼得其《讀書記》，云其體似仿《提要》，有百餘册。其《札記》未亡，後歸諸望。餘書無可問者。兵亂後，望母黨俱盡，故於先生三世名諱及妣氏族弗可詳，且失其葬處。馮教授登府爲先生傳，望嘗録其文，而今亦亡。大懼名氏湮鬱，使九原悼痛，無以慰吾先妣，乃摭所聞爲述如右。時同治己巳秋也。

湯紀尚《周鄭堂别傳》①

目録之書，權輿中壘，流别有三：曰朝廷官簿，曰私家解題，曰史氏著録。有周鄭堂者，爲《七略》之學，受嬴鐂以降史氏《藝文》、《經籍》，著《讀書記》，條最篇目，甄叙卷部，更旁臚其鈔槧得失，最數十萬言。繼主上海李氏。李氏者，名筠嘉，藏書四千七百種，與鄞范氏，歙汪氏、鮑氏，常熟瞿氏埒。又爲論列斠訂，最三十九萬言。鄭堂名中孚，浙之烏程人，嘉慶元年舉拔萃科，受知文達阮公。文達撫浙，最喜談許、鄭，一時方雅之士咸湊其門，其風習於國初異矣。鄭堂既與湖上纂經之役，復交宋翔鳳，爲刊正所著書，於是學者以漢學歸之，

① 據繆荃孫纂録《續碑傳集》卷七十二《儒學二》抄録，周駿富輯《清代傳記叢刊》第 119 册第 197—198 頁，臺北明文書局 1985 年影印版。

然文達門多貴顯，鄭堂獨落莫，有異也。道光初，始舉副貢。旋走粤，三載歸，卒，年六十四。其著書，更有《孝經集解》、《逸周書補正》、《顧職方年譜》、《子書考》、《金石識小録》、《詞苑叢話》、《文録》、《詩録》。歿後，鬻他姓不可問。惟《讀書記》藏獨山莫氏，凡三十四册，然已逸十二三，或言後歸德清戴望。嫮嫮乎話吾浙文獻，不祧鄭堂已。

馮登府《周鄭堂明經傳》[①]

君諱中孚，字信之，烏程人。先世皆隱曜不仕。考諱某，生子三，君其長也，少与弟聯奎同塾，強記倍文，數日讀書盈寸。九歲能詩。稍長，喜博覽，爲康成之學，故易號曰"鄭堂"。嘉慶元年，与弟聯奎同受知于學使儀徵阮公，補弟子員，科試同食餼。辛酉，劉文恭公舉拔萃科。明年，朝考不遇。癸酉，錢大令東垣得君卷，奇之，力薦，已中式矣，主司旋以策問該洽無遺，多用竹汀詹事説，疑其有所屬，而改置乙榜。蓋大令故詹事族子也，揭曉後，乃大悔之。嗚呼，可謂知而不遇者矣！嗣是，君益困。兩應京兆試，又不遇。最後，佐徐編修士芬廣東學幕，修端州、西寧二《志》。周游凡三載，病歸，甫四閲月，卒于家，年六十四。惜哉！君於學無所不通，尤邃於考証漢以來説經之書，以紀事纂言爲己任。方儀徵阮公撫浙之明年，立詁經精舍于孤山麓，檄浙東西潛研經史之士讀書其中，君兄弟俱與焉。十餘年間，同舍生多躋貴顯，而君獨寒辛貧蔽，胥疏江湖之上，以明經老，爲可憾也。阮公學

---

① 據馮登府《石經閣文初集》卷四抄録，參見《清代詩文集彙編》第 540 册第 707 頁，上海古籍出版社 2009 年影印版。

海堂《皇清經解》録君所著數篇入叢鈔。王司寇《湖海詩傳》録其詩。餘所著有《讀書記》、《金石識小録》、《孝經集解》、《逸周書補注》、《詞苑叢話》、《鄭堂文録》、《詩録》、《題跋》、《札記》、《四庫書存目附録》、《亭林年譜》等書,皆未刻。子二。予未識君,其弟聯奎官奉化,爲述其臨終所寄書,悲悼不已。比以見君平日友愛之深,其行誼又足尚已。